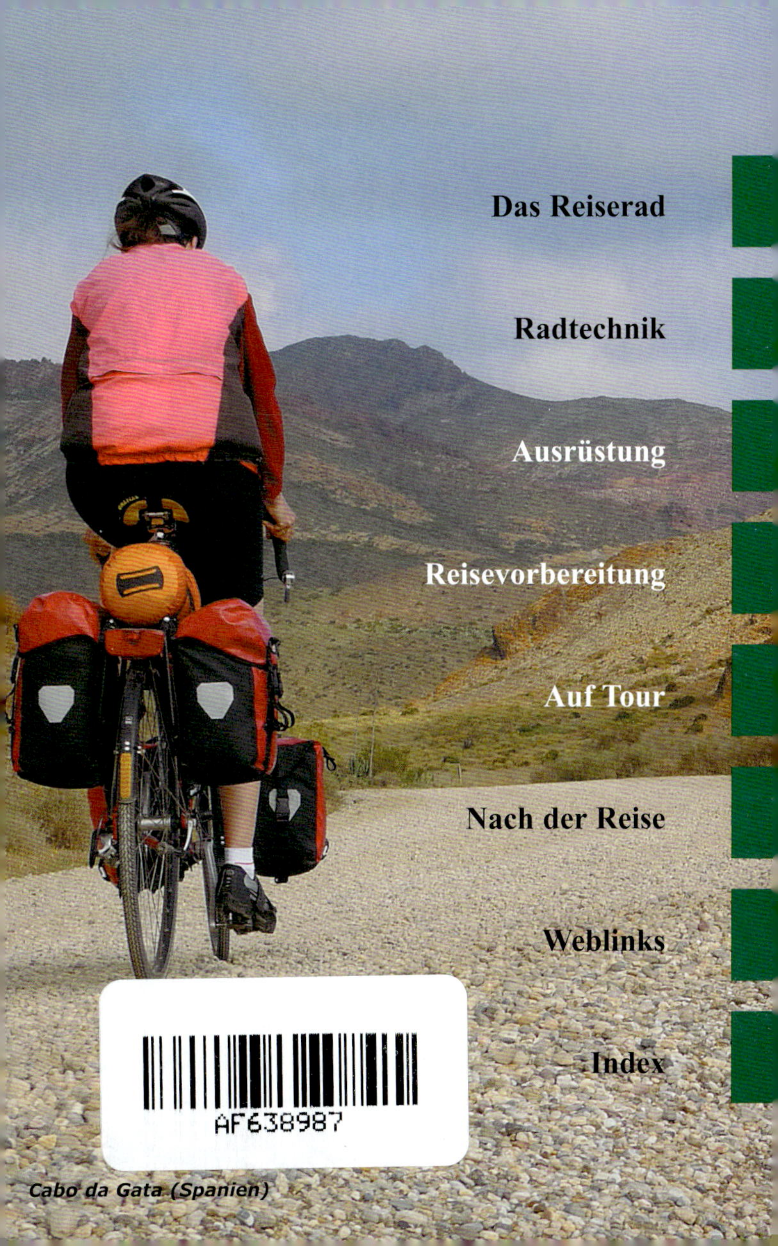

Cabo da Gata (Spanien)

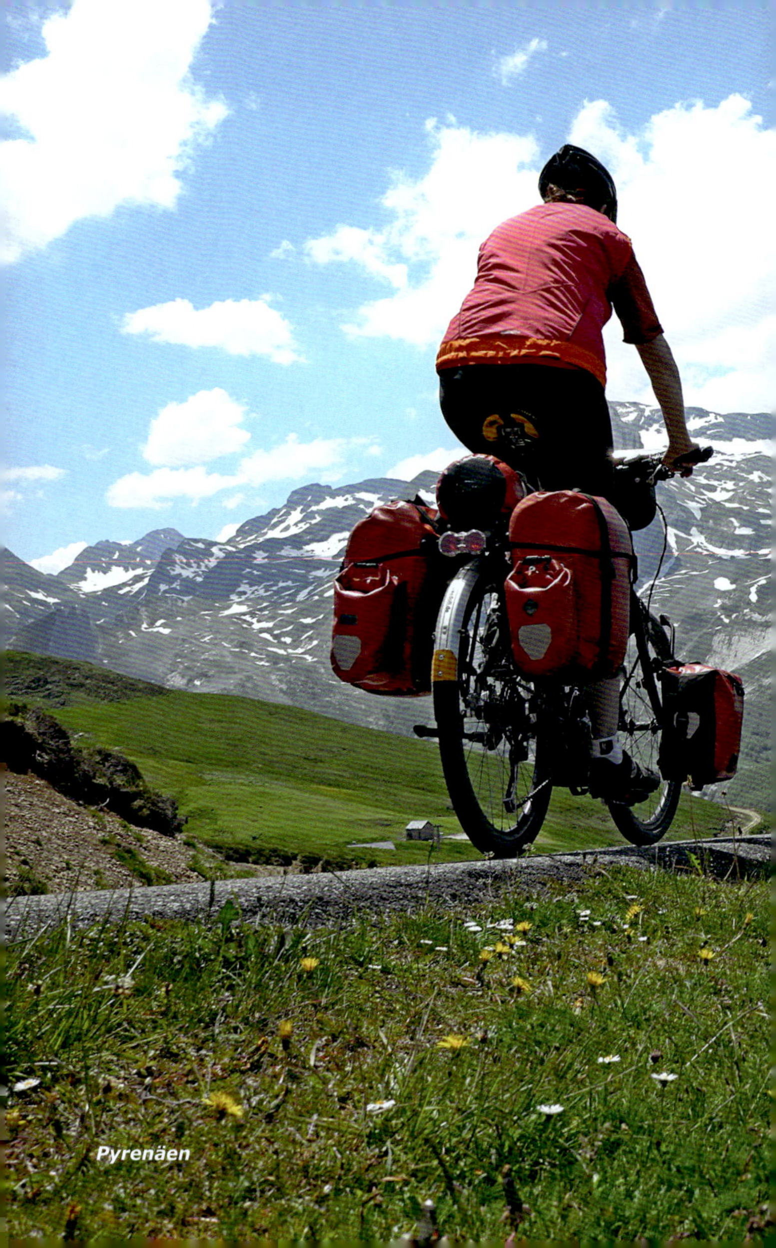

Pyrenäen

Band 34

OutdoorHandbuch

Andreas Bugdoll

Radreisen

Ausrüstung • Planung • Durchführung

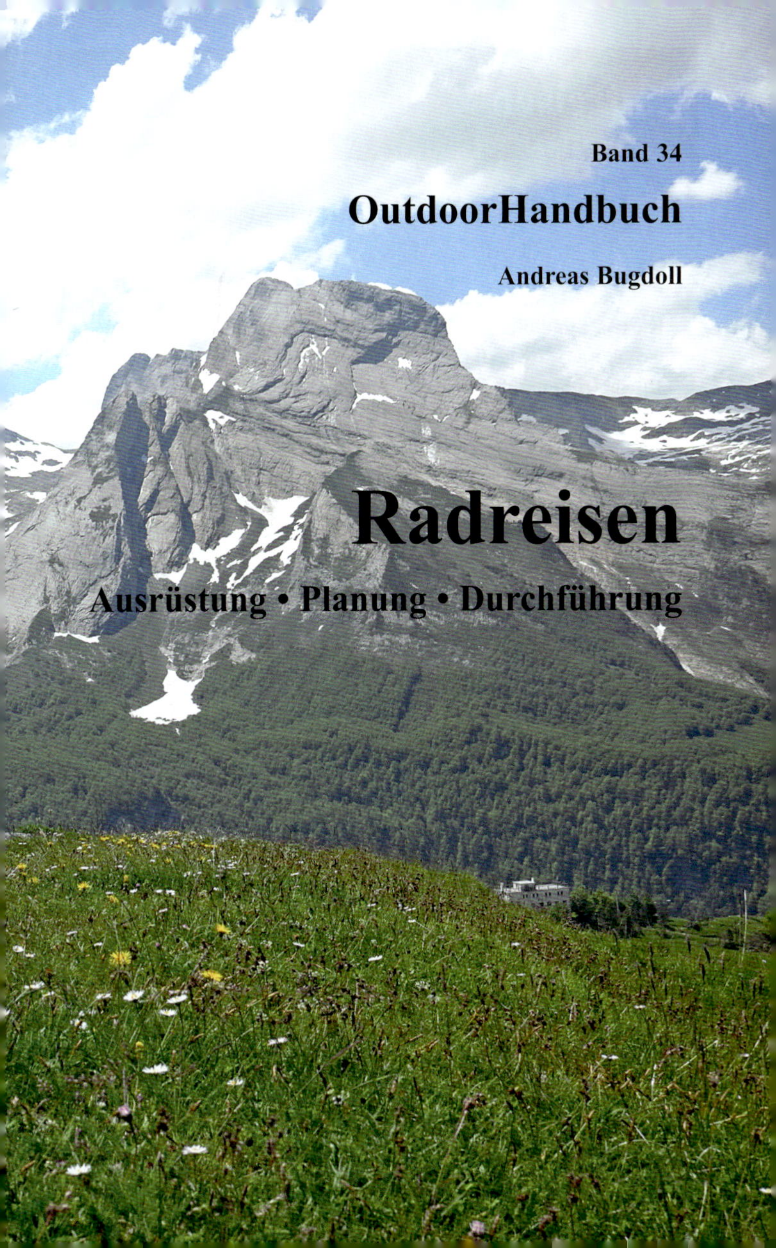

Radreisen

Alle Informationen, schriftlich und zeichnerisch, wurden nach bestem Wissen zusammengestellt und überprüft. Sie waren korrekt zum Zeitpunkt der Recherche. Eine Garantie für den Inhalt, z. B. die immerwährende Richtigkeit von Preisen, Adressen, Telefonnummern sowie Internetadressen, Zeit- und sonstigen Angaben, kann naturgemäß von Verlag und Autor – auch im Sinne der Produkthaftung – nicht übernommen werden.

Der Autor und der Verlag sind für Lesertipps und Verbesserungen (besonders per E-Mail) unter Angabe der Auflagen- und Seitennummer dankbar.

Dieses OutdoorHandbuch hat 160 Seiten mit 55 farbigen Abbildungen und 4 farbigen Illustrationen. Es wurde auf chlorfrei gebleichtem, FSC®-zertifiziertem Papier gedruckt, in Deutschland klimaneutral hergestellt und transportiert und wegen der größeren Strapazierfähigkeit mit PUR-Kleber gebunden.

FSC
www.fsc.org
MIX
Papier aus verantwortungsvollen Quellen
FSC® C009051

Klimaneutral
Druckprodukt
ClimatePartner.com/10951-2001-1002

Dieses Buch ist im Buchhandel und in Outdoor-Läden erhältlich und kann im Internet oder direkt beim Verlag bestellt werden.

OutdoorHandbuch aus der Reihe „Basiswissen für draußen“, Band 34

ISBN 978-3-86686-657-7 3., überarbeitete Auflage 2020

Text & Fotos: Andreas Bugdoll
Lektorat & Layout: Anna-Lena Ebner

Gesamtherstellung: gutenberg beuys feindruckerei

Dieses OutdoorHandbuch wurde konzipiert und redaktionell erstellt vom:

Conrad Stein Verlag GmbH, Kiefernstr. 6,
59514 Welver, ☎ 023 84/96 39 12,
FAX 023 84/96 39 13
info@conrad-stein-verlag.de,
www.conrad-stein-verlag.de

Besuchen Sie uns bei Facebook & Instagram:

www.facebook.com/outdoorverlag

www.instagram.com/outdoorverlag

Titelfoto: Auf einer „via verde” (alte Bahntrasse) in Katalonien an der Mittelmeerküste

Inhalt

Vorwort

Irgendwann kam für meine Frau und mich der Zeitpunkt, ab dem wir unsere Urlaube an den Stränden Europas nicht mehr als erholsam, sondern zunehmend langweilig empfanden. Mehr und mehr stand uns der Sinn nach aktiven Urlauben. Beide damals noch sehr fußfaul, kamen wir fast zwangsläufig auf den Gedanken, einmal eine Radreise zu unternehmen. Wir waren uns damals einig, dass die erste Radreise eine Generalprobe, ein Test für Mensch und Technik, werden sollte. Ein mögliches Ende in Form einer Verkaufsanzeige – „Zwei Reiseräder mit kompletter Ausrüstung günstig zu verkaufen ..." – konnten wir dabei nicht ausschließen.

Aber es kam alles ganz anders. Unsere erste selbst organisierte Radreise führte 1990 vom Bodensee zum Königssee. Sie war zwar von etlichen Unzulänglichkeiten geprägt, jedoch auch unbeschreiblich schön und interessant. Diese Reise war der Beginn einer langen Leidenschaft, die bis heute unvermindert anhält. Sie treibt uns immer noch so oft wie möglich an, neben kürzeren Trips besonders auch längere Radreisen zu unternehmen. Insgesamt können wir heute auf 30 Radreisejahre, mehr als 80 längere Radreisen und auf über 100.000 Reisekilometer auf fünf Kontinenten

Mit dem Rad in Andalusien

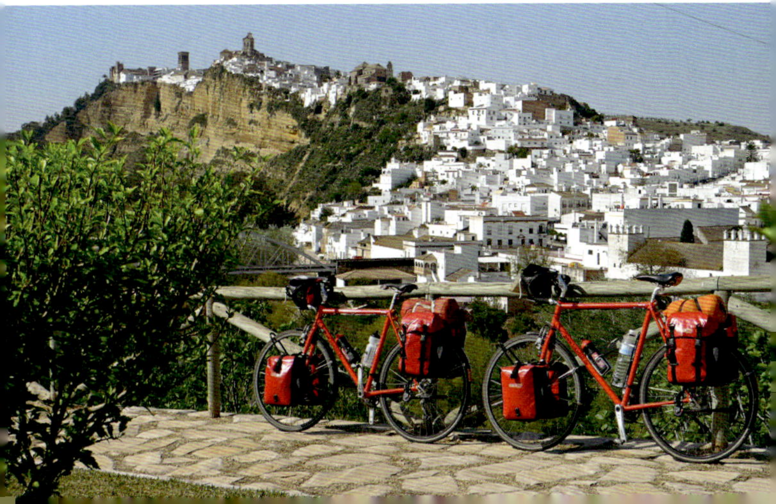

und in 42 Ländern zurückblicken. Aufgrund der dabei gesammelten Erfahrungen bereiten uns auch die Fernziele keine außergewöhnlichen Probleme mehr, weder bei der Vorbereitung noch unterwegs.

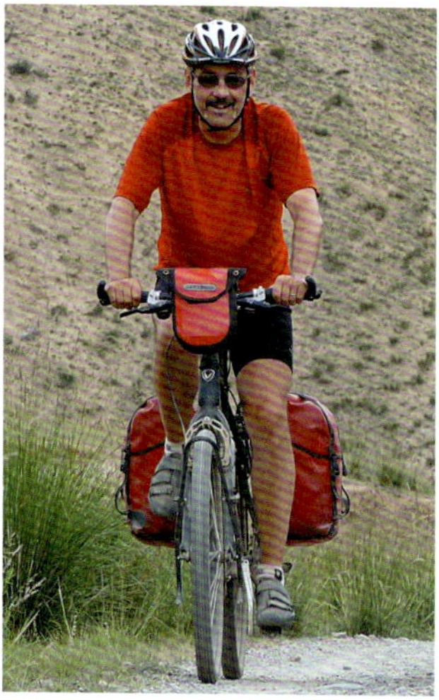

Diese Erfahrung aus 30 Jahren auf dem Reiserad möchte ich in den folgenden Kapiteln gerne an diejenigen weitergeben, die zwar gerne Fahrrad fahren, aber sich noch nicht an das Thema „Radreisen“ herangetraut haben. Hierfür habe ich alles Wissenswerte, von der Technik des richtigen Fahrrads über die Ausrüstung und Vorbereitung einer Reise bis hin zur Durchführung derselben beschrieben. Aber auch Radlern mit ersten Erfahrungen soll dieser Führer eine Hilfestellung für weitere Erlebnisse auf dem Zweirad sein. Viele unnötige Probleme und kostspielige Fehlkäufe von Fahrrad und Ausrüstung, die auch wir am Anfang aus Unkenntnis begangen haben, können unter Beachtung dieses nützlichen Ratgebers von vornherein vermieden werden.

Mit Sicherheit wird gerade am Anfang des neuen Hobbys nicht alles so ablaufen, wie ursprünglich geplant. Besonders die auf der Reise nicht vorherzusehenden Dinge und die unterwegs bewältigten Überraschungen machen aber gerade das aus, was das Radreisen, neben dem Erlebnis der Natur, so attraktiv, spannend und oft sogar ein wenig abenteuerlich macht. Mit jeder weiteren Reise wächst die Erfahrung, das Fahrrad und die Ausrüstung werden optimiert und der Wunsch nach neuen Reisen wird größer.

Also, nur Mut und auf in ein wunderbares Hobby, das einen nicht mehr loslässt, hat man erst einmal „angebissen“! Bestimmt wird dann bei dem einen oder anderen, wie auch bei uns, aus einem zaghaften Anfang eine dauerhafte Leidenschaft.

Andreas Bugdoll

Das Reiserad

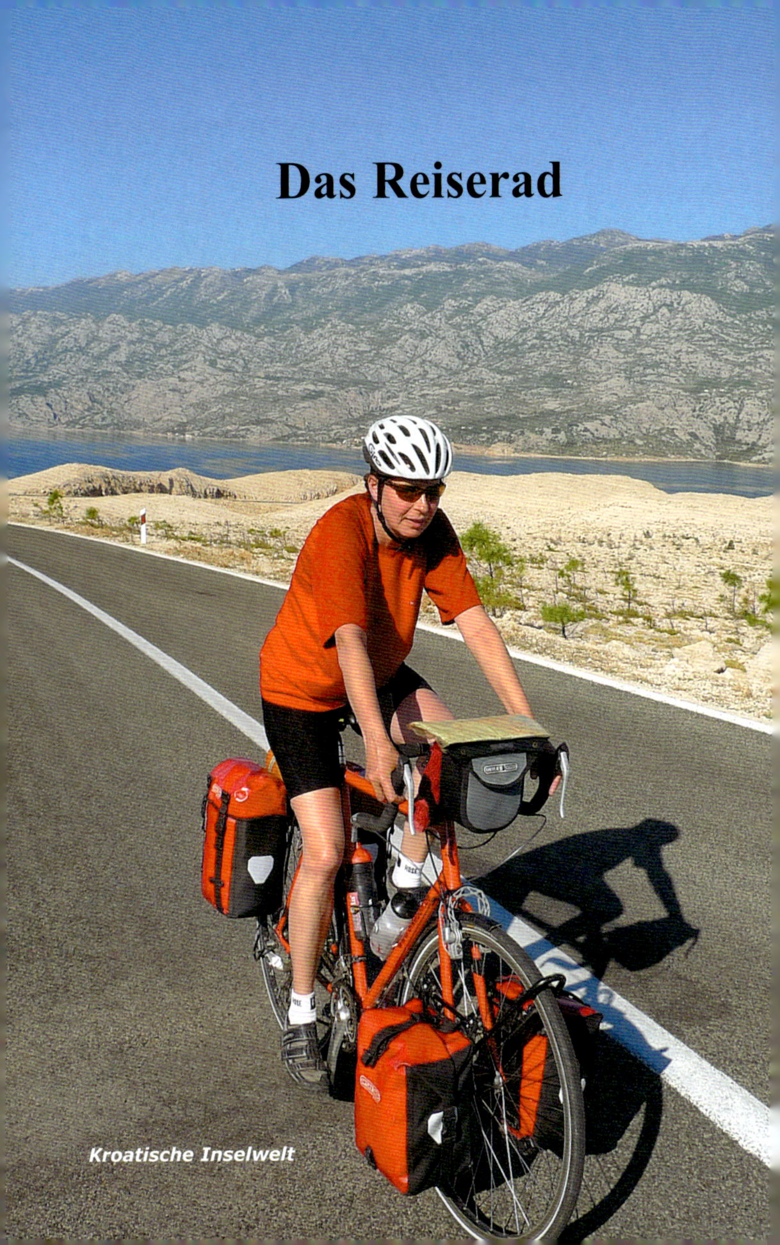

Kroatische Inselwelt

Je nach Tourenlänge, -häufigkeit und Reiseziel können unterschiedliche Typen und Preiskategorien für das Fahrrad in Frage kommen.

Grundsätzlich gilt: Für fleißige Reiseradler mit hoher jährlicher Kilometerleistung sollte Topqualität die oberste Maxime sein. Jeder verlorene Urlaubstag infolge eines defekten billigen Teils ist sehr ärgerlich. Und mit dem Neukauf oder einer Reparatur wird es insgesamt teurer, als wenn gleich ein hochwertiges Teil eingesetzt worden wäre. Auch macht sich gute Qualität fast immer durch eine deutlich längere Lebensdauer bezahlt.

Fahrten bei schlechtem Wetter müssen Sie einkalkulieren, wobei Regen und Dreck die Radtechnik fast immer in Mitleidenschaft ziehen. Natürlich ist hier zu unterscheiden, ob bei Nässe nur auf asphaltierten Straßen, auch mal auf aufgeweichten Wegen oder sogar auf schlechten Pisten gefahren werden soll. Gerade unter Einwirkung von Sand, Schmutz und Wasser trennt sich bei den Radkomponenten, also den Einzelteilen des Fahrrads, schnell die Spreu vom Weizen. Das macht sich bei billigen Komponenten neben ansteigender Schwergängigkeit auch durch eine reduzierte Lebensdauer bemerkbar. Daher ist besonders auf gut gedichtete Lager und beste Werkstoffauswahl zu achten, um die Wartung und den Verschleiß in Grenzen zu halten.

Im Zusammenhang mit der Qualitäts- und Preisfrage bei Radkomponenten muss man sich vor Augen führen, dass zum Beispiel zweimal drei Wochen Urlaub, je nach Kondition und Zielgebiet, bereits mit insgesamt 2.000 bis 4.000 km zu Buche schlagen können. Nimmt man für die sonstigen Fahrten an langen Wochenenden, in der restlichen Zeit des Jahres sowie eventuell für den Weg zur Arbeit nochmals die gleiche Strecke an, so kommt schnell eine Jahresleistung von 4.000 bis 8.000 km zusammen. Wer nun das Fahrrad ohne große Reparaturen viele Jahre fahren möchte, kann sich leicht ausrechnen, ob man mit billigen Teilen unter dem Strich auch wirklich kostengünstig fährt. Langstreckenradlern empfiehlt sich oft ein Zweitrad für die Fahrten am Heimatort, um das „gute“ Reiserad zu schonen.

Fahrradtypen

Am unteren Ende des Preisspektrums steht das herkömmliche **Alltagsrad** oder **Stadtrad**. Die Auswahl reicht vom Billigangebot des nächsten

Lebensmitteldiscounters bis hin zum bedingt tourentauglichen Modell des Fahrradhändlers. In der Regel ist die Ausstattung auf eher niedrigem Qualitätsniveau. Die aufrechte Sitzposition und der Sattel sind selten für längere Fahrten geeignet. Der Gepäckträger erlaubt aufgrund der meist filigranen Konstruktion nur wenig Zuladung. Bremsen, Felgen und Reifen erfüllen nur sehr niedrige Qualitätsansprüche. Dieser Fahrradtyp macht nur auf Spazierfahrten oder auf kurzen Trips im Flachland mit minimalem Gepäck Sinn.

Die größten Innovationen auf dem Fahrradsektor kamen mit dem **Mountainbike** (MTB) auf, das vergleichsweise robust ausgelegt ist: niedrige und steife Oversize-Rahmen, bei denen fast immer die Gabel und teilweise sogar das Hinterrad gefedert sind. 26"-Laufräder mit breiten und stabilen Alufelgen sowie noch breiteren, grobstolligen Gummiwalzen. Starke Bremsen, die bei hochwertigen Modellen beeindruckende Verzögerungswerte ergeben. Ein Übersetzungsbereich mit bis zu 33 Gängen, der selbst steilsten Anstiegen den Schrecken nimmt. MTBs haben jedoch speziell für längere Radreisen ohne spezielle Anpassung einige Nachteile: Der breite, oft gerade Lenker lässt kaum Griffvariationen zu. Dieser müsste gegen ein ergonomisch sinnvolleres Modell ausgetauscht und nach Kürzen etwa auf Schulterbreite mit Lenkerhörnchen ergänzt werden, um wechselnde Griffpositionen zu ermöglichen. Die teils stark nach vorn gebeugte sportliche Sitzposition ermöglicht auf langen Strecken kein entspanntes Fahren. In der Regel fehlen Ösen oder Bohrungen zur Befestigung von Gepäckträgern und die dicken gefederten Gabeln verhindern gar das Anbringen von Lowridern (☞ Gepäckträger). Die verfügbaren Rahmengrößen sind bei einigen Modellen nach oben begrenzt, sodass sehr große Fahrer nur mit extrem langen Sattelstützen und Gabelschäften einigermaßen gut sitzen können.

Auch Befestigungsmöglichkeiten für Schutzbleche fehlen meist und so sind MTBs und ihre Fahrer samt Gepäck nach Regenfahrten regelmäßig stark verdreckt. Der auf Radreisen sehr sinnvolle Fahrradständer sowie eine Beleuchtung mit den erforderlichen Reflektoren sind fast nie vorhanden. Die extrem breiten Reifen haben aufgrund ihrer Konstruktion, des niedrigen Luftdrucks und des geräuschvollen Stollenprofils einen höheren

Rollwiderstand und sind für Straßentouren nur zweite Wahl. Vorteilhaft am großen Reifenquerschnitt sind jedoch ein guter Federungskomfort auf schlechten Wegen und ein gutes Vorankommen auf weichen oder sandigen Strecken. Das heulende Laufgeräusch des Stollenprofils auf Asphalt kann auf Dauer nervtötend werden. Es besteht jedoch die Möglichkeit, für Straßentouren auf glatte Reifen mit seitlichen Stollen und profilarme oder profillose Reifen (Slicks) umzusteigen. Zum Gepäcktransport können Sie das Fahrrad mit kleinen Trägern ergänzen, die an der Sattelstütze befestigt werden und kleine Gepäcktaschen aufnehmen können. Man sieht also, dass ein reinrassiges MTB ohne Modifikationen allenfalls für kürzere Trips mit Minimalgepäck geeignet ist.

Sehr häufig sind im Fahrradfachhandel **Trekkingräder** zu finden, die als Reiserad weitverbreitet sind. Dabei sind einige nützliche Elemente der MTBs in den Serienumfang eingeflossen. V-Brakes oder hydraulische Bremsen (☞ Bremsen) bringen gute Verzögerungswerte. Der meist stabile Rahmen läuft auf kräftigen 28“- oder vereinzelt schon auf 27,5“-Laufrädern (☞ Laufrad, Reifen). Rahmen und Felgen lassen im Idealfall die Nutzung von komfortablen Reifen mit bis zu 45 mm effektiver Breite zu. Noch breitere Reifen sind bei den für eine Reise infrage kommenden Modellen nur schwer oder gar nicht zu beziehen oder passen teilweise nicht in den Rahmen. Die Komplettausstattung beinhaltet meistens einen hinteren Gepäckträger, Beleuchtung und Reflektoren, Kunststoffschutzbleche, einen Seitenständer, eine Fahrradglocke und manchmal sogar ein brauchbares (Rahmen-)Schloss.

Die starre Gabel ist bei einigen Trekkingrädern mit Gewindeösen für das Anbringen eines Lowriders vorbereitet, was für Reisen mit viel Gepäck von großer Wichtigkeit ist. Auf eine Federgabel sollte an einem Trekkingrad nach Möglichkeit verzichtet werden. Neben den grundsätzlichen Nachteilen gefederter Elemente am Reiserad sind an Trekkingrahmen in der Regel keine besonders hochwertigen Federgabeln verbaut. Große Unterschiede zeigen sich im Bereich Schaltung und Übersetzung. Das Spektrum reicht von wartungsfreien 11-Gang-Nabenschaltungen für Touren in flachem bis leicht hügeligem Gebiet über sehr teure bergtaugliche Nabenschaltungen mit 14 Gängen (Rohloff) und kombinierten Naben-Ketten-Schaltungen mit

24 Gängen bis hin zur universellen 33-Gang-Kettenschaltung. Somit ist dieser Fahrradtyp in Abhängigkeit von seiner Ausstattung als Allroundrad zu betrachten, das entsprechend viele Freunde hat. Sein Einsatzbereich reicht von der kurzen Einkaufsfahrt über die gemütliche Radwanderung mit Gepäck und – bei entsprechender Qualität der Komponenten – sogar bis hin zur ausgedehnten Weltreise.

Tandemfahrräder führen unter Reiseradlern ein ausgesprochenes Schattendasein. Häufige Gründe für die Wahl eines Tandems als Reiserad sind große Leistungsunterschiede eines reisenden Paares oder eine Behinderung (z. B. Erblindung) eines Partners, was eine gemeinsame Radreise ansonsten unmöglich machen würde. Problematisch ist die hohe Belastung eines Tandems durch zwei Personen plus Gepäck. Daher muss besonders auf einen starken Rahmen, sehr stabile Laufräder und kräftige Bremsen Augenmerk gelegt werden. Auch sind bei einem Tandem der Gepäckmitnahme Grenzen gesetzt, da in der Regel auch nur vier Taschen transportiert werden können.

Teilweise sieht man unterwegs auch Reisende auf reinrassigen **Rennrädern**. An Rennrädern fehlen häufig Befestigungsmöglichkeiten für hintere Gepäckträger, Lowrider und Schutzbleche, sodass diese für Reisen nur mit Einschränkungen genutzt werden können. Insbesondere die Mitnahme eines Rucksacks für den Transport des Gepäcks ist auf längeren Strecken mit deutlichen Komforteinbußen verbunden. Ebenso sind die oft filigranen Reifen anfällig für einen Platten und nur für kurze Strecken abseits von asphaltierten Wegen geeignet.

Das ultimative Fahrrad für den Radreise-Enthusiasten mit hoher jährlicher Kilometerleistung auf überwiegend asphaltierten Straßen stellt der sogenannte **Radonneur** dar, der an ein Rennrad erinnert, aber nicht die Nachteile aufweist. Nur von wenigen Händlern angeboten und teilweise von spezialisierten Rahmenbauern gefertigt ist dieser Typ in der vielgestaltigen Radwelt ein bewunderter Exot. Besonders für lange Straßentouren auch bei schlechtem Wetter ausgelegt lassen diese Räder keine Kompromisse in Bezug auf Lebensdauer, Übersetzung und Ausstattung zu. Durch

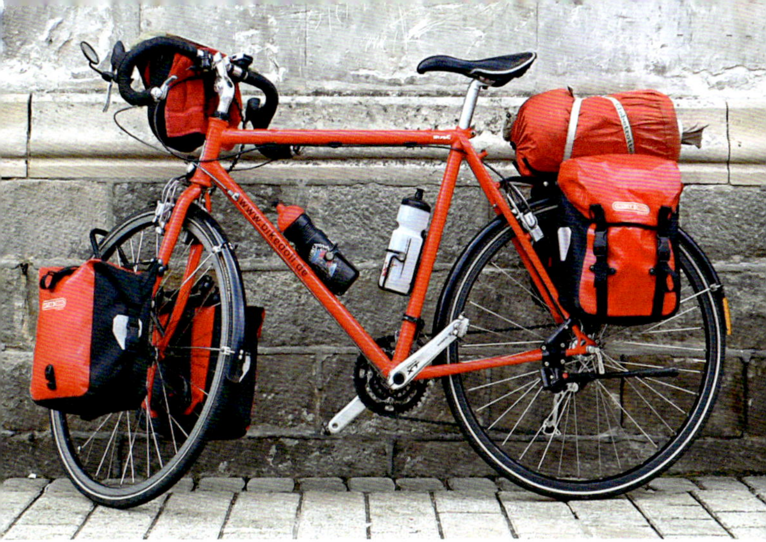

Der Radonneur ist ein schnelles Reiserad mit Rennlenker und schmalen Reifen

die Komplettausstattung mit ausgesuchten Komponenten liegt der Preis für ein solches Schmuckstück auf den ersten Blick deutlich über dem eines normalen Trekkingrads. Bei genauer Betrachtung des Gegenwerts relativiert sich dieser Eindruck dann aber schnell. Die speziellen Vorzüge dieses Fahrradtyps liegen, neben der qualitativ hochwertigen Ausstattung, in der speziell abgestimmten Rahmengeometrie. Diese ist auf windschnittige, aber komfortable Körperhaltung und ruhigen Geradeauslauf bei viel Gepäck unter Verwendung von Lowridern ausgelegt. Als Besonderheit ist die Ausstattung mit Rennlenkern anzumerken, was eine Vielzahl von Griffpositionen ermöglicht. Schaltung, Antriebsteile und Bremsen sind vielfach vom MTB oder vom Rennrad übernommen. Meistens erfolgt die Bereifung mit schmalen Pneus von etwa 32 mm, um das Fahrrad leicht beschleunigen zu können. Mit Komforteinschränkungen kann ein Radonneur auch mal auf leichten Pisten eingesetzt werden. Hierbei setzt meistens die maximal montierbare Reifenbreite von etwa 37 mm die Grenze. Im High-End-Bereich der Radonneure sind mittlerweile pfeilschnelle Räder mit Vollkarbonrahmen, hydraulischen Scheibenbremsen und elektrischen Schaltungen erhältlich. Solch ein Schmuckstück haben wir seit einiger Zeit im Einsatz und es macht auf schnellen Straßenetappen mit abgespecktem Gewicht unbeschreiblich viel Spaß. Allerdings trauen wir uns mit diesem hochgezüchteten Radonneur aufgrund des schlagempfindlichen Rahmens und der Ersatzteilprobleme bei Schäden nicht in die weite Welt hinaus, sondern unternehmen damit überwiegend Touren von wenigen Tagen in heimischen Gefilden.

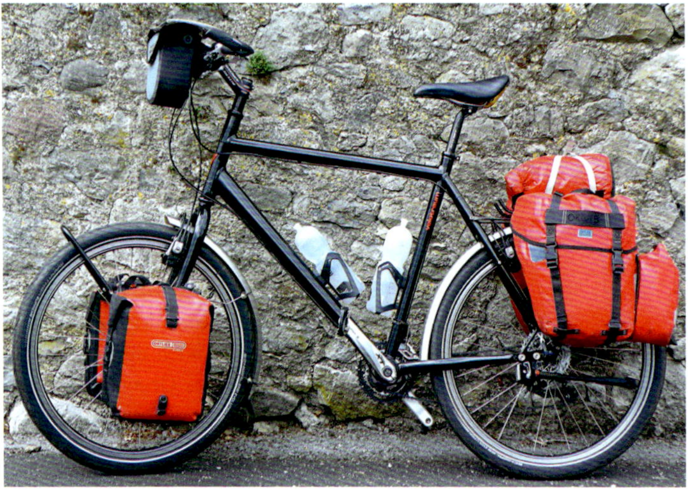

Unser „Velotraum"-Reiserad mit 26"-Laufrädern ist universell für jede Tour einsetzbar

Das Problem der Radonneure, meist nur schmale und nicht geländetaugliche Reifen montieren zu können, löst ein **Reiserad** mit 26“-Laufrädern. Es ist deutlich universeller als ein Radonneur einsetzbar, wenn es auch mal auf derbe Strecken gehen soll. Das Reiserad mit 26“-Laufrädern hat seine Wurzeln im MTB, ist jedoch vollkommen an die Erfordernisse einer Radreise angepasst. Somit unterscheidet es sich vom Radonneur im kleineren Rahmen, in den geringfügig kleineren Laufrädern (die wesentlich breitere Reifen erlauben) sowie im vergleichsweise geraden Lenker mit entsprechenden Schalthebeln. Dieser ermöglicht aus meiner Erfahrung auf schwierigen Strecken eine deutlich bessere Radkontrolle als ein Rennlenker. Mit unserem „Velotraum“ mit vorgenannten Eigenschaften sind wir seit Jahren auch auf unseren exotischen Fernreisen wunschlos glücklich (☞ Weblinks).

Zusammengefasst eignet sich ein Alltags- oder Stadtrad nur für sporadische Einsätze in flachen Gefilden und auf kürzeren Touren mit wenig Gepäck. Mit Einschränkungen beim Gepäck und mit technischen Modifikationen kann auch ein Tandem, MTB oder Rennrad auf speziellen Touren Spaß machen. Gut geeignet für die meisten Reisen ist das universelle Trekkingrad ab dem mittleren Preissegment.

Optimal für längere Reisen mit viel Gepäck auch in den Bergen ist das meist hochpreisige spezielle Reiserad mit Starrgabel. Daran werden auch Vielfahrer lange Freude haben. Als Radonneur auf schmalen 28“-Laufrädern hat es dabei auf Asphaltstraßen Vorteile. Ein Reiserad mit 26“-Laufrädern ermöglicht dagegen auch die Montage breiterer Reifen und stabilerer Laufräder, die auch längere ruppige Streckenanteile auf der Reise nicht zur Tortur werden lassen. Daher ist das robuste Reiserad mit 26“-Laufrädern grundsätzlich universell einsetzbar und mit am besten geeignet, vor allem, wenn das zukünftige Einsatzspektrum noch nicht ganz geklärt ist und Sie zu einer ersten größeren Reise aufbrechen. (Firmen mit reisetauglichen Rädern: ☞ siehe „Weblinks“)

Ein ausreichendes Trekkingrad für gemäßigte und nicht allzu lange Touren kostet mindestens € 1.500. Vielfahrer müssen für ein Reiserad, das auch noch nach vielen Jahren Spaß macht, mit mindestens € 2.000 bis € 3.000 rechnen. Darüber hinaus sind für Räder der Edelschmieden auch Kosten von über € 3.500 im Bereich des Möglichen. Dafür bekommen Sie neben einem guten Namen auch bei Rahmen und Komponenten das Feinste vom Feinen.

☺ Sitzrohr, Gabelschaft, Vorbau ... – wenn Sie mit den verschiedenen Bezeichnungen rund ums Fahrrad noch nicht vertraut sind, hilft Ihnen die Skizze auf der vorderen Umschlagklappe, in der die wichtigsten Teile des Fahrrads benannt sind.

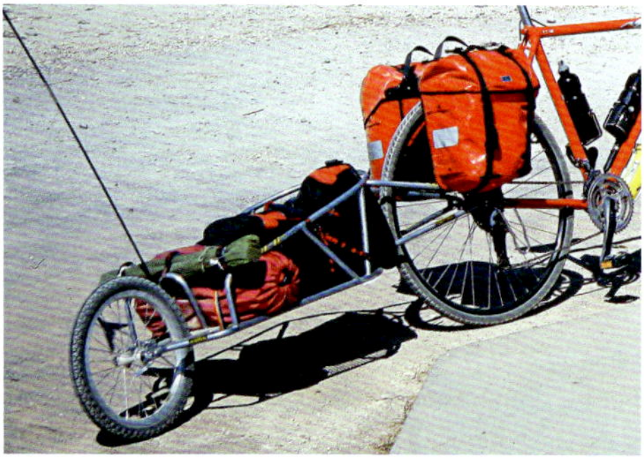

Der einspurige Anhänger eignet sich ideal für eine Radreise

Für größere Gepäckmengen, bei Rädern ohne Gepäckträger oder bei einem Bike mit Federgabel – die keine Gepäckträger erlauben – bieten sich spezielle Fahrradanhänger an. Dabei sind wendige Einspuranhänger im Vorteil. Mit einer speziellen Konstruktion an der Hinterradachse befestigt nehmen zum Beispiel die Modelle von B.O.B (Yak), Weber (Monoporter) oder Topeak (Journey Trailer) bis zu 30 kg Gepäck bei einem Eigengewicht von etwa 6 kg auf. Bei Anstiegen merken Sie natürlich das zusätzliche Gewicht, aber in Kurven sind diese sehr schmalen Hänger fast nicht zu spüren. Der auf den ersten Blick hohe Preis (ca. € 500) relativiert sich schnell, da sich mit der Anschaffung der Kauf von speziellen Fahrradträgern und Fahrradtaschen erübrigt.

Auf unserer Reise durch Namibia haben wir für die Durchquerung der Namib-Wüste beispielsweise ohne Probleme 30 l Wasser und weiteres Gepäck, zusätzlich zu den normalen Fahrradtaschen, auf solch einem Anhänger transportiert (☞ Weblinks).

Elektrofahrräder

Der Trend zur E-Mobilität hat seit Jahren insbesondere den Fahrradsektor fest im Griff. Mittlerweile wird ein bedeutender Teil neuer Fahrräder als E-Bike angeschafft. Da stellt sich natürlich auch dem einen oder anderen Radreisenden die Frage, ob das nicht auch etwas für die nächste Tour ist.

E-Bike ist der Oberbegriff für alle Arten von Elektrofahrrädern. Grundsätzlich interessant für eine Radreise ist das **Pedelec** (Pedal Electric Cycle). Es unterstützt mit einem E-Motor das Fahren bis max. 25 km/h, solange die

Kurbel bewegt wird. Daneben gibt es noch das verwandte „schnelle Pedelec“, das mit max. 45 km/h ein wesentlich flotteres Vorankommen erlaubt, jedoch in Bezug auf Helm- und Führerscheinpflicht sowie Versicherung andere Erfordernisse aufweist. Auch ist mit diesen „schnellen Pedelecs“ das Befahren von Fahrradwegen nicht erlaubt und damit auch die Nutzung von vielen Themenrouten nicht möglich. E-Leichtmofas und weitere Abkömmlinge sind für eine Radreise aus meiner Sicht nicht sinnvoll.

Ob ein Pedelec für eine Radreise geeignet ist, kann man nicht einfach mit „Ja“ oder „Nein“ beantworten. Einerseits ermöglicht ein Pedelec Radlern mit geringer Kondition oder mit Handicap vielleicht überhaupt erst, längere und bergige Strecken zu fahren oder Touren mit ansonsten schnelleren Radlern zu unternehmen. Andererseits ist für halbwegs trainierte Radler das hohe Fahrradgewicht (um die 25 kg und höher) und das zusätzlich mitzunehmende Gewicht für ein Ladegerät nicht akzeptabel. Das Verladen des vergleichsweise schweren E-Bikes in Bus, Bahn oder auf das Autodach erfordert viel Kraft. Manche E-Bikes sind auch nicht für schweres Gepäck bei einem gleichzeitig schweren Fahrer geeignet. Auch weist ein E-Bike deutlich mehr empfindliche mechanische, elektrische und elektronische Teile auf als ein normales Reiserad, was das Risiko eines Schadens auf der Reise erhöht. Das könnte insbesondere für technisch nicht versierte Radler auf der Reise zum Problem werden.

Der Elektromotor ist mittlerweile überwiegend als sogenannter Mittelmotor im unteren Rahmenbereich des Tretlagers angeordnet und unterstützt das physische Treten. Motoren im Vorderrad oder Hinterrad spielen nach dem Erfolg der leisen Mittelmotoren, insbesondere der Firma Bosch (☞ Weblinks), nur noch eine untergeordnete Rolle. Der Mittelmotor liegt tief im Fahrrad, was den Schwerpunkt des Fahrrads auch bei angehängten Gepäcktaschen nicht nachteilig beeinflusst. Räder mit Motor im Vorderrad weisen ein gewöhnungsbedürftiges Fahrverhalten auf, während Motoren im Hinterrad den Vorteil haben, mit gängigen Kettenschaltungen kombiniert werden zu können.

Der Fahrer kann wählen, wie stark die Unterstützung des Motors wirkt. Fahren Sie bergab, speisen einige Hinterradmotoren wieder Strom in den Akku ein, sodass sich die mögliche Fahrstrecke etwas verlängert. Je nach Akkukapazität, Topografie und Gesamtzuladung bestehend aus Fahrer und

Gepäck liegt die Reichweite mit unterer/mittlerer Unterstützungsleistung etwa bei 50 km bis 100 km. Einige wenige Hersteller bieten für besondere Einsätze auch Fahrräder mit zwei verbauten Akkus an, was den Preis und das Gewicht natürlich entsprechend hochschraubt. Die Mitnahme eines Reserveakkus im Gepäck scheitert meistens an den eingeschränkten Platzverhältnissen.

Die Stromquelle, ein recht schwerer Akkumulator, findet unter dem Gepäckträger oder im Rahmendreieck Platz. Bei neueren Modellen ist der Akku oft geschützt im Rahmen integriert, was eine gefällige Optik zur Folge hat. Ist der Akku unter dem hinteren Gepäckträger angebracht, ist unbedingt zu prüfen, ob sich dann noch die Hinterradtaschen anbringen lassen.

Speziell beim Akku ist es wichtig, auf renommierte Hersteller zu achten, bei denen Sie auch noch nach ein paar Jahren einen passenden (überwiegend deutlich über € 500 teuren) Ersatzakku kaufen können. Sonst ist das schöne E-Bike nach einigen Jahren schnell wertlos.

Jeden Abend muss im Quartier ein Stromanschluss verfügbar sein, was z. B. bei Campingtouren nicht immer gewährleistet ist. Da das Ladegerät im Gepäck mittransportiert werden muss, sollten Sie auf eine kompakte Bauweise achten. Gute Geräte wiegen deutlich unter 1 kg und laden selbst leere Akkus mit hoher Kapazität in weniger als 5 Stunden vollständig auf. Ebenfalls erhältlich sind Schnellader und Kompaktgeräte, die aber unbedingt zum Akku passen und vom Hersteller freigegeben sein müssen.

Fahrradakkus können bei Beschädigung durchaus abbrennen. Daher ist die Mitnahme im Flugzeug nicht möglich. Da sich die Regeln schnell ändern können, sollten Sie sich vor der Buchung unbedingt bei der Fluggesellschaft über die aktuellen IATA-Bestimmungen erkundigen.

Insbesondere an den Bremsen sollte nicht gespart werden. Bei dem großen Systemgewicht von E-Bike und Gepäck, verbunden mit den hohen erreichbaren Durchschnittsgeschwindigkeiten, ist die Verwendung der besten Bremssysteme ein Muss. Ich persönlich würde daher kein E-Bike kaufen, das nicht mit einer hochwertigen hydraulischen Felgen- oder Scheibenbremse ausgestattet ist!

Bei den hohen Kosten sollte unbedingt auch die Anschaffung eines Fahrradschlosses der Spitzenklasse erfolgen. Für mich ist das regelmäßig zu beobachtende Anschließen eines so hochwertigen Fahrrads mit einem Billigschloss, das in Sekunden geknackt werden kann, unbegreiflich. Außerdem empfiehlt sich das Abstellen des Fahrrads über Nacht in einem abgeschlossenen Raum.

Natürlich bekommen Sie solch einen kleinen Turbo nicht zum Spartarif. Folglich sind hochwertige reisetaugliche Elektrofahrräder überwiegend im Hochpreissegment ab etwa € 3.000 bis über € 4.000 anzutreffen.

Soll das neue Reiserad trotz der vorgenannten Eigenarten und Einschränkungen bei weit entfernten Touren ein Elektrofahrrad werden, gibt die Checkliste auf der hinteren Umschlagklappe eine zusätzliche Orientierungshilfe bei der Fahrradauswahl. Die allgemeine „Checkliste Fahrradkauf" ist darüber hinaus zur Beurteilung der allgemeinen Fahrradtechnik sehr nützlich (☞ Der Fahrradkauf).

Einige Beispiele für Firmen mit tourentauglichen E-Bikes sind im Anhang aufgeführt (☞ Weblinks). Außerdem geben die einschlägigen Fahrradmagazine mit Praxistests aktueller Modelle eine gute Hilfestellung beim Kauf eines E-Bikes.

Unterwegs in Island

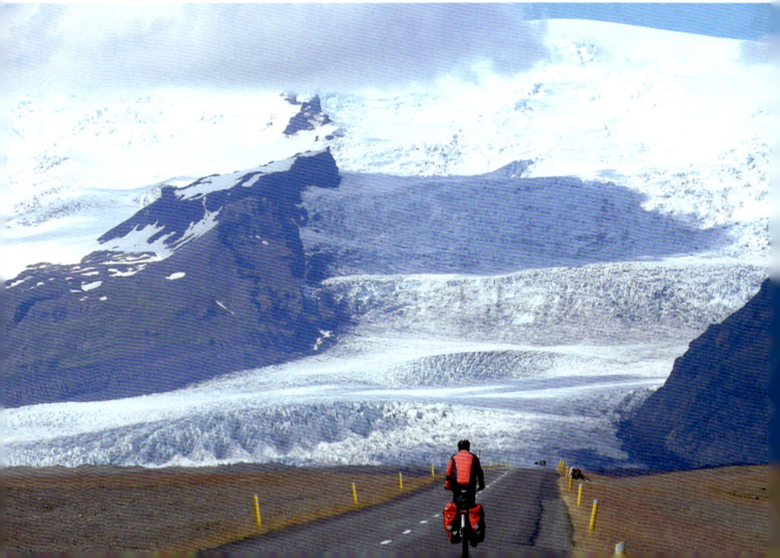

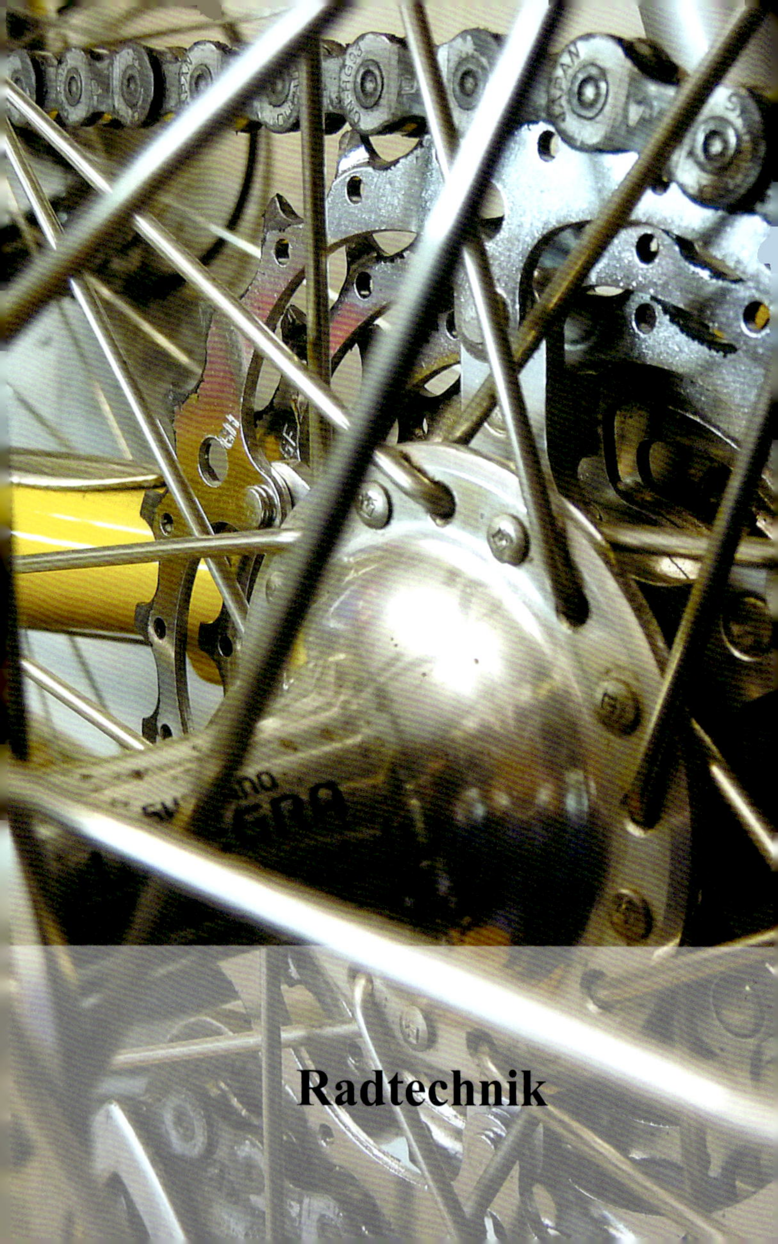

Radtechnik

Bei der nachfolgend beschriebenen Fahrradtechnik sollten Sie für Reisen abseits von fahrradspezifischer Infrastruktur grundsätzlich auf Leichtbauteile zugunsten von robusten und bewährten Teilen verzichten. Bei der Fahrradtechnik vertraue ich schon immer dem Marktführer Shimano. Der Grund besteht in der Tatsache, dass Sie Teile dieser Firma bei einem Schaden in fast allen Ländern der Welt nachkaufen können. Für mich ist das neben der guten Qualität das wichtigste Entscheidungskriterium für die Ausstattung meiner Reiseräder.

Radlern mit hoher Kilometerleistung bei jedem Wetter empfehle ich die XT-Gruppe von Shimano. Dabei beinhaltet eine „Gruppe" in der Regel die Naben, den Umwerfer, das Schaltwerk, die Schalthebel und je nach Ausstattung auch die Bremshebel und Bremsen. Die Top-Gruppe XTR ist leichter und noch besser verarbeitet, kostet aber unverhältnismäßig viel Geld. Unterhalb der XT-Gruppe würde ich für ein Reiserad keine Schaltung wählen, da die sich ergebenden Preisvorteile nur sehr gering ausfallen.

Rahmen und Gabel

Neben Aluminium finden heute vereinzelt noch dünnwandige Rohre aus legiertem Stahl Verwendung. Ein Merkmal hoher Qualität bei Stahlrahmen war lange Zeit die Verarbeitung von gelöteten Muffen. Sie wurden aber weitgehend von geschweißten Rohren verdrängt. Stahl bietet den Vorteil, im absoluten Notfall geschweißt, gelötet oder provisorisch gerichtet werden zu können, was bei anderen Werkstoffen auf der Reise fast unmöglich ist. Außerdem sind leichte Beulen meist kein Sicherheitsproblem. Ultraleichte Aluminiumrahmen mit großen Rohrdurchmessern und dünnen Wandstärken sind oft hart und unkomfortabel zu fahren sowie anfällig für Einbeulen, zum Beispiel beim Umstürzen des Fahrrads oder beim Transport. Von empfindlichen Karbonrahmen würde ich, außer für schnelle Touren mit leichtem Gepäck in heimischen Gefilden, eher zugunsten robuster Rahmen aus Stahl oder Alu abraten.

Wollen Sie sich nicht von Anfang an jede Möglichkeit verbauen, auch mal „offroad" oder auf schlechten Straßen zu fahren (z. B. grobe Waldwege, holprige Kanalseitenwege oder gar steinige Pisten), sollten Sie bei

Bedarf auch breite Reifen aufziehen können. Der Hinterbau und die Gabel müssen in diesem Fall unbedingt eine Reifenbreite von mindestens 37 mm, besser jedoch größer aufnehmen. Bei 26"-Reiserädern sollten mindestens 50 mm (2") breite Reifen montiert werden können. Auch schleift bei einem breiteren Hinterbau nicht gleich jede „Acht" am Rahmen, sodass Sie mit dem notwendigen Zentrieren unter Umständen bis zum Abend warten können. Dann haben Sie mehr Ruhe und müssen nicht auf der Straße, vielleicht sogar im Regen, herumbasteln.

Größten Wert sollten Sie auf möglichst vollständig vorhandene Gewindeösen für das Anbringen von Schutzblechen, Gepäckträgern und mindestens zwei, besser aber drei Trinkflaschen legen. Bei Aluminiumrahmen ist auf ein gesondertes Schaltauge zu achten, das an das Ausfallende geschraubt wird. So wird bei einem Schaden nicht der ganze Rahmen zerstört, sondern nur ein kleines austauschbares Teil.

Kaufen Sie unbedingt bereits beim Fahrradkauf das speziell für den Rahmen passende Schaltauge als Ersatzteil mit! Im Falle eines Schadens ist dann ein Austausch kein Problem, andernfalls kann die Reise abrupt zu Ende sein. Auch kann es bei einem älteren Rahmen vorkommen, dass es kein passendes Schaltauge mehr als Ersatzteil zu kaufen gibt!

Die Gabel muss auf jeden Fall Gewindeösen für das Anbringen eines Lowriders haben, wenn Sie auf eine längere Reise mit viel Gepäck und vier Packtaschen gehen möchten. Außerdem ist darauf zu achten, dass ein gewindeloser Gabelschaft für Ahead-Steuersätze nicht zu kurz gewählt wird. Während man früher bei Gabeln mit Gewindeschaft leicht die Höhe des Lenkers über das Herausziehen des Vorbaus variieren konnte, ist das heute durch die spezielle Technik gewindeloser Gabelschäfte nicht möglich! Der Vorbau dient nun auch zur Lagereinstellung/-fixierung und kann nachträglich nicht nach oben verändert werden. Abhilfe schaffen ein langer Gabelschaft unter Verwendung von Zwischenringen (Spacern) und ein zusätzlicher winkelverstellbarer Vorbau. Bei Bedarf können Sie so den Vorbau durch Umsetzen einzelner Spacer verstellen, um eine andere Lenkerhöhe zu erhalten.

☺ Wer die Option für einen nachträglichen Einbau einer Federgabel haben möchte, muss unbedingt auf eine entsprechende Geometrie und lange Gabelscheiden an der Starrgabel achten. Ansonsten steht das Fahrrad nach dem Einbau der Federgabel vorne um einiges höher, was die Fahreigenschaften verschlechtert.

Zur richtigen Dimensionierung des Rahmens sind Sie auf sachkundige Hilfe angewiesen. Die korrekte Größe des Rahmens für den jeweiligen Fahrer wird am sichersten im Fachhandel mithilfe eines Messgestells ermittelt. Große Händler sind teilweise mit lasergestützten Messgeräten ausgestattet, die die aufgenommenen Daten gleich in ein angeschlossenes Rechnerprogramm einspielen. Verlassen Sie sich auf keinen Fall auf das Augenmaß eines schlecht ausgerüsteten Verkäufers. Eine alte Faustregel, die Rahmenhöhe über die Schrittlänge multipliziert mit dem Faktor von 0,65 zu errechnen, ist bei der heutigen Rahmenvielfalt nicht mehr zielführend.

✋ Eine Kollision der Schuhe mit den Kettenstreben des Rahmens ist bei einigen Fahrrädern mit 26“-Laufrädern bei Verwendung von Nabenschaltungen zu beobachten. Die bei Nabenschaltungen verwendeten Kurbelgarnituren mit nur einem Kettenblatt sind deutlich schmaler als eine Dreifachkurbel. Daher stehen die Kurbeln mit nur einem Kettenblatt viel näher an den Kettenstreben. Bei großen Füßen oder breiten Schuhen führt das zum Anstoßen der Schuhe an den Hinterbau und manchmal auch an den Fahrradständer. Darauf ist unbedingt zu achten, wenn Sie die Probefahrt (mit Radschuhen) unternehmen!

Wenn Sie am Ende einer Probefahrt wieder sicher mit den Füßen auf dem Boden stehen, sollten zwischen Oberrohr und Schritt noch zwei Finger breit Platz vorhanden sein. Bei weniger Platz ist der Rahmen zu groß! Außerdem darf die Sattelstütze nicht ganz im Rahmen verschwunden sein, sonst können Sie den Sattel bei Bedarf nicht mehr nach unten verstellen. Insbesondere der Wunsch, eine gefederte Sattelstütze nachzurüsten, ist bei der Rahmenauswahl zu bedenken, da durch deren Aufbauhöhe der Rahmen mehrere Zentimeter kleiner ausfallen muss. Vorteile haben hier Rahmen mit abfallendem Oberrohr. Leider sind extreme Ausführungen dieser Rahmengeometrie im Stand, zum Beispiel an einer Ampel, nicht gut zwischen den Oberschenkeln zu fixieren. Das führt regelmäßig dazu, dass sich das Fahrrad zwischen den Beinen wegdreht und umkippen will.

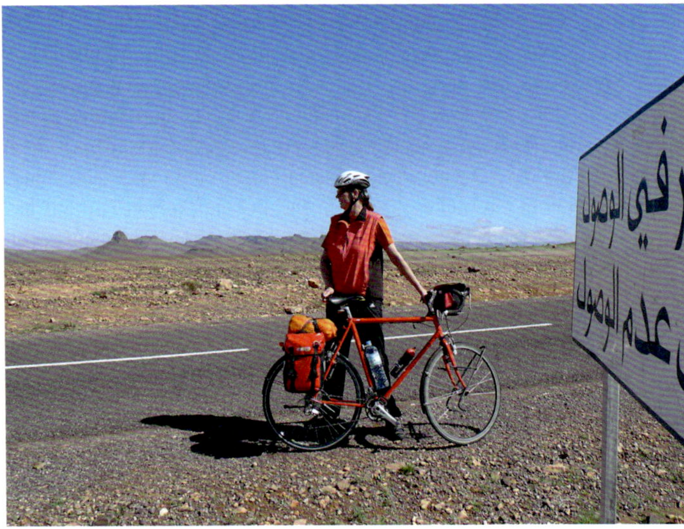

Frauen sollten sich ebenfalls für einen Herrenrahmen entscheiden

Damen ist zu empfehlen, einen Herrenrahmen zu wählen. Da Frauen bei gleicher Körpergröße meistens längere Beine, aber einen kürzeren Oberkörper als Männer haben, sollte unbedingt ein Rahmen mit vergleichsweise kurzem Oberrohr gekauft werden. Dadurch wird sichergestellt, dass Damen nicht zu gestreckt auf dem Herrenrad sitzen müssen. Beim Mitführen von Gepäck auf einer Radwanderung gewährleistet nur ein Herrenrahmen ausreichend Stabilität und Flatterfreiheit bei erhöhter Geschwindigkeit.

☺ Als Lackierung ist eine möglichst schlagfeste Farbe zu bevorzugen. Pulverlacke sind feste Beschichtungsstoffe, die keine Lösungsmittel enthalten und besonders umweltverträglich sowie außerordentlich widerstandsfähig sind. Einfarbige Rahmen in genormten RAL-Farbtönen lassen sich bei Schäden leichter wieder aufarbeiten. Vorteile hat statt der Lackierung bei Aluminiumrahmen auch eine Eloxierung des Rahmens, die edel aussieht und sehr beständig ist.

Laufrad, Reifen und Schutzblech

Wer großen Wert auf wartungsfreie Laufräder legt, sollte zu Naben mit Industriekugellagern greifen. Diese Lager sind im Allgemeinen von hoher Qualität und außerdem hervorragend gedichtet, sodass mit sehr langen Laufzeiten gerechnet werden kann. Bei Verschleiß ist es unterwegs aber kaum möglich, zu improvisieren.

Im Gegensatz hierzu stehen die weitverbreiteten, wartungsfreundlichen und robusten Naben mit Konuslagern. Mit dem Preis steigt bei dieser Lagervariante neben der Materialqualität insbesondere die Oberflächengüte der Laufbahnen für die Kugeln, was zu besseren Laufeigenschaften und längerer Lebensdauer führt. Die Unterschiede können Sie auch im Neuzustand sehr deutlich spüren, wenn Sie einmal Achsen von verschiedenen Nabenqualitäten mit den Fingern drehen. Deutliches Rubbeln wird durch eine schlechte Qualität der Lagerflächen hervorgerufen, die bei preiswerten Lagern oft nur gepresst sind. Im Idealfall sind sie geschliffen und poliert, was einen dauerhaft seidenweichen und satten Lauf ergibt. Die Hinterradnaben unterscheiden sich außerdem noch in der Art der Schaltung, die als Naben- und Kettenschaltung erhältlich ist (☞ Antrieb).

Für ausgedehnte Radreisen in aller Welt empfiehlt sich die weltweit gängige Laufradgröße von 26“. Bereits bei 28“-Laufrädern kann es außerhalb von Europa zu größeren Problemen bei der Ersatzbeschaffung z. B. von Reifen, Schläuchen und Felgen kommen. Von den hauptsächlich aus Marketinggründen kreierten neuen Laufrädern in den Größen 27,5“ und 29“ würde ich aus Gründen der schwierigen Ersatzteilbeschaffung unterwegs grundsätzlich abraten. Ein weiterer großer Vorteil von 26“-Laufrädern ist die gegenüber den anderen vorgenannten Größen deutlich größere Laufradstabilität. Speichenbrüche sind bei 26“-Laufrädern auf der Radreise nahezu ausgeschlossen.

Die ganze Last des Fahrrads samt Fahrer und Beladung wird abwechselnd von nur wenigen der meistens 36 dünnen Edelstahldrähte, genannt Speichen, getragen. Dabei hängen die mit dem Gesamtgewicht aus Fahrer, Fahrrad und Gepäck belasteten Naben an den jeweils oberen Speichen. Der Speichennippel überträgt die Gewichtskraft über die Felge und den Reifen auf den Boden. Während es bei 26"-Laufrädern meist kein Thema ist, ist bei den 28-Zöllern während einer Reise immer wieder der gefürchtete Speichenbruch ein Ärgernis. Sparen bei den Speichen bringt nur Verdruss, aber kaum finanziellen Vorteil. Daher sollten am Rad nur die besten Typen verwendet werden. Hierzu zählen insbesondere die 2 mm starken DT Swiss Competition aus kaltgeschmiedetem Edelstahl, die im Mittelbereich auf 1,8 mm Durchmesser reduziert sind (☞ Weblinks). Somit sind die Speichen am Gewinde und im Bogen stark und im Mittelteil sehr elastisch. Pro-Lock-Speichennippel von DT Swiss vermeiden durch eine Schraubensicherung das Lösen der Nippel auf der Reise. Bei sehr hohem Gesamtgewicht und rauen Straßen oder bei Tandems können Sie über dickere Speichen nachdenken. Dicke Speichen bedeuten eine höhere Sicherheit gegen Bruch, machen das Laufrad insgesamt aber auch härter. Empfehlenswert ist hierbei für das Hinterrad ein Durchmesser von 2,3 mm am Speichenbogen.

☺ Bei den stabilen 2,3 mm dicken Speichen ist unbedingt darauf zu achten, dass diese im Mittelteil einen auf 1,8 mm reduzierten Durchmesser aufweisen. Sonst kann es passieren, dass bei hart gespannten Laufrädern und großer Belastung nicht die Speiche bricht, sondern die Nabenflansche ausreißen oder die Felge an den Nippellöchern Risse bekommt, was mir beides schon widerfahren ist.

Eine Felge kann nur bestimmte Reifenbreiten aufnehmen. Daher ist bei der Auswahl zu bedenken, welche Reifen später montiert werden sollen. Grundsätzlich ist eine breitere Felge bei gleichem Material und Querschnitt widerstandsfähiger als eine schmale und sollte bevorzugt für den Einsatz in grobem Gelände gewählt werden. Unabhängig von der Breite sind Querschnitte mit Hohlkammerprofil am stabilsten. Hierbei erhöht sich das Widerstandsmoment der Felge im Vergleich zum einfachen und sehr selten gewordenen U-Profil, was eine höhere Steifigkeit und damit Sicherheit gegen „Achter“ bringt.

Als Material für die Felgen kommt heute fast ausschließlich Aluminium in Frage. Gute Modelle haben an den Speichenlöchern eine Edelstahlverstärkung in Form von Ösen. Bessere Ausführungen sind an den Bremsflächen überdreht oder überschliffen, sodass der Felgenstoß beim Bremsen nicht zu spüren ist und die Bremsklötze länger halten. Wichtig ist das Vorhandensein einer Verschleißanzeige, meist in Form einer schmalen Rille in der Felgenflanke.

Ein großes Ärgernis von Felgenbremsen bei Nässe und längeren Abfahrten ist der Abrieb von Felge und Bremsklotz, der sich mit Wasser zu einer schwarzen Schmiere verbindet. Diese Schmiere färbt stark und ist von Fahrradtaschen oder Kleidung nur noch sehr schwer zu entfernen. Bei Scheibenbremsen entfallen die vorgenannten Nachteile natürlich.

Bei den Reifen sollten Sie ausschließlich auf Qualitätsprodukte führender Hersteller zurückgreifen, die bei niedrigem Rollwiderstand eine gute Laufleistung und aufgrund ihres vielschichtigen Aufbaus mittlerweile eine enorme Pannensicherheit besitzen. Die Reifenbreite ist oft Anlass für lange Diskussionen. Meistens hört man das Argument, schmale Reifen seien auf der Straße aufgrund des geringeren Roll- und Luftwiderstandes das Nonplusultra. Doch haben Messversuche bei den führenden Reifenherstellern ergeben, dass zumindest der Rollwiderstand bei breiteren Reifen und gleichem Druck etwas geringer als bei schmalen Reifen derselben Modelle ist. Für einen schmalen Reifen und damit eine schmalere Felge spricht dagegen immer das geringere Gewicht: Eine kleinere rotierende Masse führt zu einer spürbar besseren Beschleunigung des Rads. Vergessen Sie jedoch nicht, dass ein breiterer Reifen bessere Dämpfungseigenschaften aufweist. Nicht zuletzt sprechen auch die Unwegsamkeiten der Strecke für ein breites Laufrad. Viel zu oft kommt es vor, dass man mit dem vollgeladenen Fahrrad einem tiefen Schlagloch oder einem Stein nicht mehr rechtzeitig ausweichen kann. Breite Reifen federn dabei viel vom Schlag ab, sodass der Reifen nicht so schnell durchschlägt und in Verbindung mit einer breiteren Felge der „Acht“ kaum eine Chance lässt.

Ein möglichst glattes Profil ist für das Fahren auf der Straße und auch auf trockenen, festen Wegen von Vorteil. Grobe Stollen sind nur auf losem oder weichem Untergrund zu empfehlen. Sie erhöhen den Rollwiderstand und damit den Kraftaufwand und machen, was wesentlich schlimmer ist, oft einen Höllenlärm auf der Straße. Ein guter Kompromiss für eine Radwanderung mit überwiegendem Straßenanteil und festen Wegen sind Reifen mit wenig oder kombiniertem Profil, d. h. einer schmalen profillosen Lauffläche in der Mitte und Stollen an den Randbereichen. Auf der Straße rollen diese Reifen wunderbar leicht ab, während die Stollen bei geringem Einsacken in den Untergrund für eine etwas bessere Traktion sorgen. Ein typischer auf Reisen erprobter Reifen dieser Kategorie ist der Continental Contact Travel.

Bewährte schmale Reifen für die Straßentour bieten z. B. die Firmen Schwalbe (Marathon) und Continental (Contact) an (☞ Weblinks). Besonders mit dem letztgenannten preiswerten Standardmodell mit 32 mm Nennbreite konnte ich die allerbesten Erfahrungen bei reinen Straßentouren machen. Bei den 26"-Reifen empfinde ich den Continental Contact Travel und den Schwalbe Supreme in 2"-Breite als gute Allrounder für Straßen und gute unbefestigte Wege. Für den groben Einsatz weitab der Heimat ist der Schwalbe Mondial bei vielen Reiseradlern die erste Wahl. Am stärker belasteten Hinterrad erzielen Sie mit den genannten Reifen Laufleistungen, die je nach Rauheit der Straßenoberfläche zwischen 8.000 und 10.000 Kilometer liegen. Bei rechtzeitigem Tausch des Vorderreifens gegen den Hinterreifen lassen sich diese Werte noch erhöhen. Grundsätzlich lassen sich Faltreifen bei der Montage einfacher zentrieren, sodass diese dann nur selten einen Höhenschlag aufweisen. Außerdem sind Faltreifen deutlich leichter. Die größte Reifenauswahl finden Sie weltweit für 26"-Laufräder. Bei E-Bikes muss auf die entsprechende Zulassung der Reifen geachtet werden.

Beim Schlauch ist auf die richtige Ventilart zu achten. Blitzventile sind heute nahezu vollständig von Autoventilen und französischen Sclaverandventilen verdrängt worden. Der Vorteil von Schläuchen mit Autoventilen, in Ballungsräumen an jeder Tankstelle den Reifen blitzschnell auffüllen zu können, entfällt in abgelegenen Gebieten fast gänzlich. Für Touren mit schmalen Laufrädern, bei denen es nicht auf maximale Robustheit ankommt, bieten sich auch Leichtschläuche an. Diese sorgen zusammen mit leichten Felgen und Reifen für ein schnelles Laufrad. Unbedingt ist daran zu denken, die Luftpumpe für die Reise passend zum Ventil zu kaufen, da die verschiedenen Ventiltypen unterschiedliche Pumpengummis benötigen.

Wer Wert auf maximale Pannensicherheit legt, kann einen Reifen aufziehen, der unter der Lauffläche eine dicke Kunststoffschicht aufweist, die vor eindringenden Fremdkörpern schützt (zum Beispiel der Schwalbe Marathon Plus oder der Contact Plus von Continental). Leider sind diese Reifen bedeutend schwerer und laufen spürbar schlechter als das vergleichbare Modell ohne Panneneinlage. Im Laufe der vielen Jahre hatten wir mit den Spitzenmodellen von Schwalbe und Continental ohne Panneneinlage durchschnittlich nur einen Plattfuß auf 10.000 km. Diese mittlerweile hohe Pannensicherheit von hochwertigen „Normalreifen" spricht aus meiner Sicht gegen die Verwendung von schweren Pannenschutzreifen auf dem Reiserad. Von den durch die Bauart bedingt recht pannensicheren Tubeless-Reifen mit eingefülltem flüssigem Dichtmittel würde ich zumindest für eine Fernreise abraten: Aufgrund der schwierigeren Montage, der Probleme mit austretendem Dichtmittel bei größeren Schäden und der schlechteren Beschaffungsmöglichkeiten eines Ersatzmantels bzw. der Spezialfelge haben diese Reifen aus meiner Sicht auf einem Reiserad mehr Nachteile als Vorteile.

Von Vorteil ist es, wenn Sie auf guten Straßen mit hohem bis maximalem Luftdruck fahren. Dieser steht jeweils auf der Reifenflanke. Ich habe die Erfahrung gemacht, dass sich allein hierdurch die Anzahl von Platten auf ein Minimum reduzieren lässt. Mit weicheren Reifen steigt meist auch die Anzahl der Plattfüße. Ein häufiger Schaden bei zu niedrigem Luftdruck ist außerdem eine radial aufgerissene Reifenflanke in Höhe der Felgenschulter. Ein niedriger Luftdruck ist aus meiner Sicht jedoch auf schlechten Straßen oder im Gelände notwendig, um den Komfort zu erhöhen. Dabei darf aber der auf der Reifenflanke angegebene Mindestdruck auf keinen Fall unterschritten werden.

☺ Zum Füllen der Reifen sollten Sie möglichst nicht nur eine einzige Luftpumpe im Gepäck haben. Der Grund ist einfach: Während die gängigen Pumpen mit großem Durchmesser hervorragend geeignet sind, um Reifen schnell zu füllen, ist es damit in der Regel schwierig, hohen Druck aufzubauen. Eine Pumpe mit kleinem Durchmesser erreicht dagegen hohen Reifendruck, aber aufgrund des kleinen Volumens dauert das Füllen eines leeren Reifens unendlich lange. Die Lösung ist die Kombination von zwei Pumpen: Mit der „dicken" Pumpe bringen Sie viel Volumen in den Reifen, bis Sie etwa 4 bar erreicht haben. Darüber wird das Pumpen sehr anstrengend. Nun tauschen Sie die Pumpe und erreichen mit dem dünneren Modell ohne viel Mühe hohen Druck bis über 6 bar. Eine gute Ergänzung zu den unerlässlichen Luftpumpen sind einige zusätzlich mitgeführte CO2-Patronen, die bei einer Panne das blitzschnelle Füllen des Reifens ohne Mühe ermöglichen.

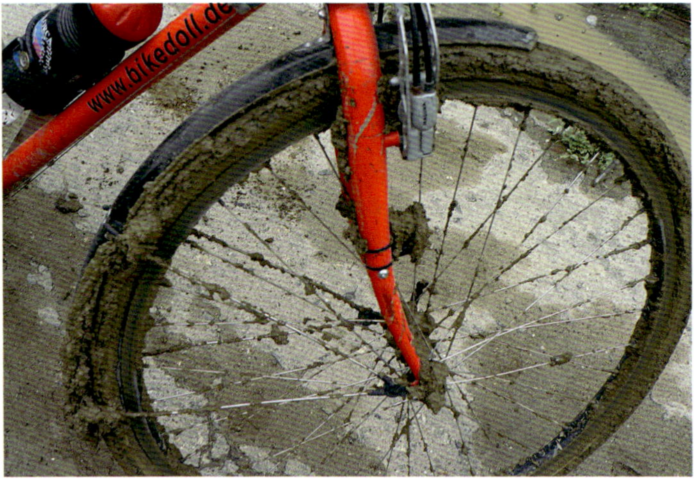

Nach einer Fahrt durch feuchten Lehm setzen sich die Schutzbleche schnell zu

Schutzbleche müssen den breitesten auf dem Fahrrad montierbaren Reifen noch ausreichend abdecken, um bei der Wahl der Reifen später variabel zu bleiben. Gute Modelle sind klapperfrei aus leichtem Kunststoff gefertigt und haben teilweise einen elektrisch leitenden Kern, der das Verlegen von anfälligen Lichtkabeln reduziert. Kurze Schutzbleche, die schon auf Höhe der Nabe enden, sind für die Reise untauglich. Je tiefer das Schutzblech herunterreicht, desto besser ist der Schutz vor Schmutz und aufwirbelnder Nässe. Zusätzlich an die Schutzblechenden angeklemmte Spritzlappen, sogenannte Spoiler, oder andere Verlängerungen schützen die eigenen Füße und den Hintermann vor hochspritzendem Wasser. Edelstahlstreben korrodieren auch nach vielen Jahren nicht und sind stabiler als solche aus anderem Material. Bei der Montage ist darauf zu achten, dass sich der Spalt zwischen Schutzblech und Reifen in Laufrichtung nicht verjüngt, sondern leicht vergrößert! So verhindern Sie das Einklemmen z. B. von Steinen während der Fahrt. Sehr empfehlenswert sind Sicherheitsbefestigungen, die das Blockieren der Räder bei eingeklemmten Ästen oder Steinen verhindern und dabei das Schutzblech freigeben.

Antrieb

Trotz der Entwicklung von exotischen Schaltungen, wie zum Beispiel der recht schweren Pinion-Getriebeeinheit mit 9, 12 oder 18 Gängen (☞ Weblinks), empfehlen sich für ferne Radreisen abseits heimischer Infrastruktur weiterhin hauptsächlich robuste Naben- oder Kettenschaltungen. Die Entscheidung ist vom bevorzugten Tourenprofil sowie von den eigenen Anforderungen an die Bedienung und die Wartungsfreiheit des Antriebs abhängig. Die zu wählende Übersetzung hängt sehr stark von der Topografie der bevorzugten Zielgebiete ab. Bei flachem Terrain auf kürzeren Strecken kann bereits die Übersetzung einer Fünf- oder Achtgang-Nabe ausreichen. Solange es nicht in die Berge oder auf lange Anstiege geht, eignet sich beispielsweise auch die Elfgang-Nabe von Shimano. Sobald es jedoch bergig wird, hält nur noch eine Übersetzung von 1:1 und weniger das Fahrrad mit Gepäck in Bewegung.

Nabenschaltungen sind sehr wartungsarm. Die zugehörige Kette wird beim Schalten nicht verschränkt und daher weniger stark beansprucht als bei einer Kettenschaltung. Außerdem besteht die Möglichkeit, die Kette vollständig mit einem Kettenschutz zu umschließen. Schließlich werden in der Regel alle Gänge nacheinander über nur einen Schalter gewechselt, im Gegensatz zu den etwas komplizierteren Gangwechseln mit zwei Schalteinheiten bei Kettenschaltungen. Natürlich haben Nabenschaltungen auch Nachteile: So ist teilweise das Schalten unter Last, trotz anderslautender

Aussagen der Hersteller, nicht so leichtgängig wie bei der Kettenschaltung. Die Kabelzughüllen sind beim Transport anfällig für Knicken. Schon ein leicht geknickter Schaltzug führt zu Schaltproblemen beim Gangwechsel, was in Extremfällen zum Komplettausfall der Schaltung führen kann. Die Übersetzungsbreite ist bei den meisten Nabenschaltungen nicht so groß wie bei einer Kettenschaltung, was sich insbesondere an steilen Anstiegen nachteilig bemerkbar macht. Außerdem sind Nabenschaltungen aufgrund der Drehschaltgriffe in der Regel nicht mit Rennlenkern kombinierbar. Die etwas schwergängige Bedienung dieser Drehschaltgriffe kann bei nicht so kräftigen Händen oder bei Nässe (Schweiß, Regen) zu Problemen beim Gangwechsel führen. Daher sollten Sie sich vor der Entscheidung für eine Nabenschaltung auch eine Vorstellung über die notwendigen Schaltkräfte machen, die zum Gangwechsel erforderlich sind. Bei der Übersetzungsbreite kann mit den Kettenschaltungen einzig die aus deutscher Produktion stammende recht schwere Rohloff-14-Gang-Nabe (☞ Weblinks) mithalten, die jedoch mit einem Neupreis von über € 1.000 wesentlich teurer als eine Kettenschaltung ist. Sie ist für viele Langstreckenradler das Nonplusultra und diese sehr robuste Nabe verbindet die Vorteile von Naben- und Kettenschaltungen. Die bisherigen Erfahrungen zeigen, dass die Nabe nahezu ohne jeglichen Ausfall in vielen Fahrrädern läuft. Einige Radler stören sich jedoch an den Geräuschen, die die Nabe beim Fahren macht. Die Wartung beschränkt sich auf einen regelmäßigen Wechsel des Öls in der Nabe. Sollte es doch einmal zum Schaden im Ausland kommen, ist die Reise aber aufgrund fehlender Reparaturmöglichkeiten leider meist zu Ende.

Anders bei den fast geräuschlos laufenden Kettenschaltungen des Marktführers Shimano, für die es fast überall auf der Welt noch irgendein passendes Ersatzteil gibt. Die vergleichsweise leichten Kettenschaltungen aus dem MTB-Bereich haben die spezifischen Nachteile von Nabenschaltungen nicht, müssen aber deutlich aufwendiger gewartet und häufiger eingestellt werden. Die Kette ist, je nachdem wie staubig oder nass die Straßen waren, etwa alle 300 km bis 500 km nachzuschmieren, die Ritzel sollten etwa alle 2.500 km gewechselt werden. Außerdem hält die stärker beanspruchte, schmale Kette der Kettenschaltung nicht so lange wie bei einer Nabenschaltung. Trotzdem fahre ich aufgrund der Vorteile auf allen meinen Fahrrädern mit einer Kettenschaltung. Den Bowdenzug für das Schaltwerk sollten Sie beim Austritt aus der Zughülle mit einer Manschette ausrüsten. Diese wird an den Bowdenzug und an die Zughülle geklemmt und verhindert bei schlechtem Wetter das Einziehen von Nässe und Schmutz in die Zughülle. Hierdurch erhalten Sie sich für längere Zeit ein gutes Schaltverhalten. Alternativ ist zumindest auf gedichtete Zughüllen zu achten, die bei den Topgruppen der Marktführer Standard sind.

☺ Bei der Abholung des neuen Fahrrads beim Händler sollten Sie unbedingt daran denken, sich mit dem Hinweis auf die bevorstehende Radreise die Einstellanleitung der Schaltung mitgeben zu lassen. Diese detaillierten Anleitungen der Hersteller gehören zum Lieferumfang des Fahrrads. Sie sind zur Selbsthilfe sehr wichtig, falls sich die Schaltung verstellt oder Sie einen beschädigten Bowdenzug wechseln müssen. Alternativ hierzu helfen auch unzählige Anleitungen auf YouTube & Co.

An Mountainbike- oder Trekkingrädern sind neben Drehschaltgriffen überwiegend Systemeinheiten montiert, wobei der Gangwechsel durch Drücken oder Ziehen von kleinen Hebeln eingeleitet wird. Der große Vorteil liegt darin, dass zum Schalten die Hand nicht vom Lenker genommen werden muss und Sie jederzeit bremsbereit bleiben. Außerdem ist der Gangwechsel bei diesen durch die Rasterung sogenannten Klick-Schaltungen sehr einfach geworden, sodass fast jeder sofort damit klarkommt.

Bei Verwendung eines Rennlenkers in Verbindung mit einer Kettenschaltung sind Lenkerendschalter vorteilhaft, die eine abschaltbare Rasterung haben und damit im Bedarfsfall die Schaltung stufenlos erledigen. Das ist ein enormer Vorteil bei Schaltproblemen unterwegs. Diese Lenkerendschalter sind sehr simpel aufgebaut, praktisch ohne Defektmöglichkeit und somit hervorragend für die lange Reise geeignet. Kombinierte Schalt-Brems-Hebel aus dem Rennradbereich sind auch einsetzbar, aus meiner Sicht aber für eine Radreise nur bedingt geeignet. Hier muss nur ein kleines Federchen brechen und schon können Sie nicht mehr schalten. Da ich einen derartigen Schaden schon zweimal an meinen Rennrädern hatte, würde ich diese Teile als zu empfindlich für eine Radreise fernab von gut sortierten Fahrradhändlern einstufen.

Für die Mehrzahl der Reiseradler hat sich eine universell nutzbare Übersetzung von etwa 0,8 bis 3,6 bewährt. Damit sind flotte Straßenfahrten ebenso wie das langsame Klettern am Berg abgedeckt. Diesen Bereich kann, neben der schon erwähnten Rohloff-Nabe, nur eine Kettenschaltung befriedigend bewältigen, die üblicherweise mit 30 Gängen ausgestattet ist. Dabei wird die empfohlene Übersetzung beispielsweise mit Zähnezahlen von 26/36/46 vorn und von 12-32 hinten erreicht. Bei untrainierten Radlern sollte das kleinste Kettenblatt vorn statt 26 Zähne besser 22 oder 24 Zähne aufweisen.

☺ Rennradkettenschaltungen mit 2-fach-Kettenblättern sind für die Mehrzahl aller Reiseradler suboptimal. Bei üblichen Kettenblättern von etwa 53 Zähnen auf dem großen Kettenblatt und Zahnkränzen mit maximal 25 Zähnen lässt sich ein Reiserad mit Gepäck bereits in hügeligem Terrain nur von sehr starken Radlern bei akzeptabler Trittfrequenz bewegen. Daher wird das große Kettenblatt nur sehr selten und fast ausschließlich das kleine Kettenblatt genutzt. Bei kleinen Kettenblättern mit 39 Zähnen werden jedoch schon mittlere Steigungen zur Qual. Auch die angebotenen Kompakt- oder 3-fach-Kurbeln für Rennräder sind am Reiserad aus demselben Grund nicht optimal. Auf das Reiserad sollten daher im Regelfall Dreifach-Kettenblätter aus dem ATB- und MTB-Bereich mit den weiter oben genannten Zähnezahlen für eine optimale Übersetzungsbreite montiert werden.

Noch ein Wort zum Kettenschutz: Grundsätzlich sind diese Anbauten sinnvoll. Die Kette verschmutzt kaum noch, muss seltener geölt werden und hält wesentlich länger. Außerdem bleibt eine Hose mit weitem Beinabschluss länger sauber. Bei Nabenschaltungen sind Kettenschützer wesentlich einfacher anzubringen als bei Kettenschaltungen. Besonders gute Erfahrungen habe ich mit dem Modell „Chainglider" der Firma Hebie (☞ Weblinks) gemacht, das die Kette fast vollkommen umschließt und durch die schwimmende Ausführung ohne jegliche Rahmenbefestigung auskommt (siehe Foto rechts). Auch nach wochenlanger Winterfahrt zur Arbeit durch Schnee, Salz und Regen war meine Kette unter diesem Schutz noch gut geschmiert und sauber! Schutzvorrichtungen für Kettenschaltun-

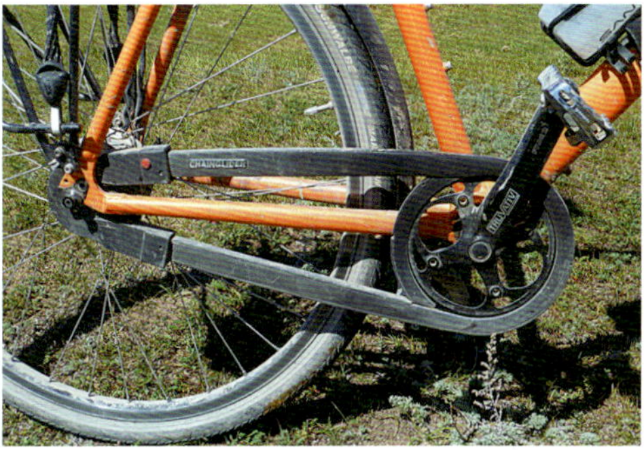

Der Kettenschutz „Chainglider" kapselt die Kette bei einer Nabenschaltung komplett

gen müssen dagegen viel größer sein, um die gesamte Breite der Ritzel und Kettenblätter abzudecken. Daher ist eine Vollkapselung nicht möglich und es erfolgt nur eine teilweise Abdeckung der Kette von oben. So können hochspritzender Dreck und Wasser vom Vorderrad noch von unten an die Kette gelangen. Da diese Kettenschützer zusätzlich noch durch ihre exponierte Lage anfällig für Beschädigungen sind, bleibt als Vorteil eigentlich nur noch der Kleidungsschutz. Da Sie diese Funktion einfacher mit einem schmalen, am äußeren Kettenblatt anzubringenden Hosenschutzring erhalten können, spricht aus meiner Sicht nichts für einen Kettenschutz bei Kettenschaltungen.

Bremsen

Zur optimalen Bremsfunktion gehört eine reibungsarme Kraftübertragung vom Bremshebel auf die Beläge. Hierfür ist auf eine knickfreie und möglichst kurze Verlegung der Bowdenzüge sowie auf ausreichende Schmierung derselben zu achten. Trotzdem wird die Bremse ohne Wartung mit zunehmendem Alter schwergängiger und die aufzubringende Hebelkraft größer. Also besser ab und zu die Züge einschließlich Zughüllen austauschen.

Das Problem schwergängiger Bowdenzüge kennt die nahezu wartungsfreie Hydraulikbremse nicht. Statt mit einem Stahlkabel wird durch eine spezielle Bremsflüssigkeit in einem geschlossenen System Druck auf die Bremsbeläge ausgeübt. Marktführer ist die Firma Magura mit dem sehr ausgereiften Top-Modell „HS33" (☞ Weblinks). Die Bremse lässt sich

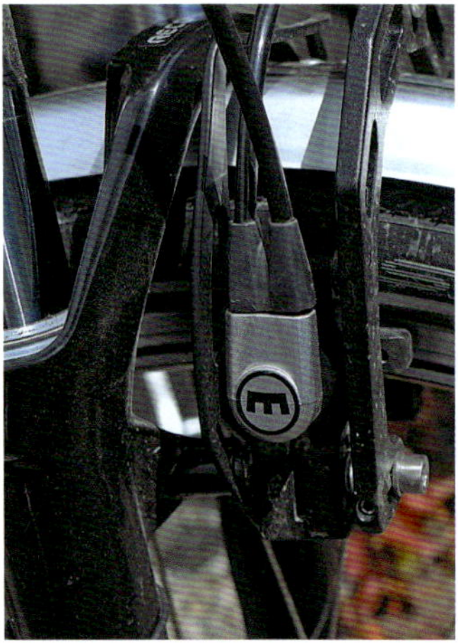

Hydraulikbremse mit Brakebooster an einer Federgabel

sehr gut dosieren und auch auf längeren Abfahrten ohne schmerzende Hände betätigen. Die Bremsflüssigkeit ist nicht umweltgefährdend und muss nie gewechselt werden. Die Betätigungskräfte sind sehr gering, was sich im Gegensatz zu einer Bowdenzugbremse auch nach Jahren nicht ändert. Neben der hervorragenden Bremsleistung ist auch der Wechsel der Bremsklötze äußerst einfach und ohne anschließendes Ausrichten auf die Felge möglich. Aufgrund der Qualität der Bremskörper und der stabilen Bremsleitungen sind Beschädigungen auch beim Fahrradtransport in Verkehrsmitteln, wie Flugzeug oder Bahn, nahezu auszuschließen. Aus meiner Sicht sind hydraulische Felgenbremsen am Reiserad die erste Wahl! Aufgrund der hohen Bremskräfte ist der Einsatz von sogenannten Brakeboostern sinnvoll, die das elastische Aufbiegen des Rahmens und der Gabel reduzieren und dadurch die Bremsleistung erhöhen.

Ein Sonderthema sind mechanisch oder besser hydraulisch betätigte Scheibenbremsen, die vornehmlich an Mountainbikes und in steigendem Maße auch an Trekking- und Reiserädern verbaut sind. Obwohl diese Bremsen mit vergleichsweise großer Bremskraft auch bei Nässe aufwarten und keinen Felgenverschleiß verursachen, würde ich sie nicht an ein Reiserad für ferne Ziele montieren, da aus meiner Sicht die wenigen Nachteile überwiegen. Zum einen sind Scheibenbremsen für den Laien nicht einfach einzustellen und auch der Wechsel der Bremsbeläge ist nicht jedermanns Sache. Zum anderen sind Scheibenbremsen während der Fahrt nicht lautlos, wenn sie nicht richtig eingebremst werden. Beim Bremsen geben manche Exemplare schrille oder rubbelnde Geräusche von sich. Auf langen Bergabfahrten mit schwerem Gepäck können billige Bremsbeläge schnell verhärten. Auch können Sie eine Scheibenbremse in abgelegenen Gegenden nicht einfach reparieren lassen, da es oft an Fachpersonal fehlt. Die Beläge sind empfindlich gegenüber Ölverschmutzungen und eine verbogene Bremsscheibe kann das Ende der Tour bedeuten.

Ein weiteres Argument gegen die hydraulische Scheibenbremse habe ich auf einer Tour in Nordirland selbst erfahren müssen: Für einen defekten hydraulischen Handbremshebel ließ sich selbst in der größeren Stadt Londonderry nirgendwo ein Ersatzteil auftreiben. Daraufhin kaufte ich eine preiswerte mechanische Felgenbremse aus englischer Produktion, tauschte sie einfach gegen die hydraulische Bremse aus und schon ging die Tour nach kurzer Unterbrechung weiter. Bei einer verbauten Scheibenbremse wäre das nicht möglich gewesen, da hier die Montagemöglichkeiten für eine überall erhältliche Felgenbremse fehlen.

Bei mechanisch betätigten herkömmlichen V-Brakes sind jeweils zwei Hebelarme auf besonderen Sockeln am Rahmen bzw. an der Gabel befestigt. Konstruktionsbedingt erlauben diese Bremsen das Montieren von breiten Schutzblechen und Reifen. Aufgrund der günstigen Hebelverhältnisse üben V-Brakes bei neuwertigen Bowdenzügen eine ausreichend hohe Bremskraft auf die Felge aus. Fast an jedem preiswerten Fahrrad zu finden stellen diese Bremsen für den preisbewussten Reiseradler eine gute Wahl dar. Die richtige Ausrichtung der Bremsklötze zur Felgenflanke ist bei der Montage etwas fummelig. Da oft über eine einzige Kombischraube mit Kugelpfanne die Einstellung in allen drei Achsen bewerkstelligt wird, benötigt man drei Hände zur Einstellung. Bremsschuhe mit auswechselbaren Bremsgummis erfordern beim Austausch der Beläge dagegen kein neues Ausrichten und sollten deshalb bevorzugt werden.

Rücktrittbremsen und Trommelbremsen sind nur für Touren ohne oder mit wenig Gepäck im Flachland ausreichend. Speziell bei langen Abfahrten können sie wegen der kleinen Oberfläche die auftretende Reibungswärme nicht abführen. Das kann zur Überhitzung führen und eine verminderte Bremsleistung oder gar einen Totalausfall zur Folge haben.

Lenker und Vorbau

Der Rennlenker überzeugt durch eine Vielzahl von Griffmöglichkeiten, hat aber Nachteile im Gelände. Er hat außerdem bei gleicher Vorbaulänge eine leicht gestreckte Sitzposition zur Folge. Die relativ geraden Mountainbikelenker sind dagegen für den harten Geländeeinsatz gedacht, für Straßentouren oder leichte Pisten aber oft zu breit. Sie sollten vom Händler etwa auf Schulterbreite gekürzt werden. Lenker mit geringfügig angewinkelten Rohren empfinden viele Radler auf einer Radtour angenehmer als ganz gerade Bauformen. Da diese Lenkstangen nur eine Griffposition erlauben, werden sie oft mit ergonomisch gestalteten Griffen und Lenkerhörnchen ergänzt. Oft gelobt werden die gut geformten Griffe von Ergon (☞ Weblinks), die es in verschiedenen Breiten und Hörnchenlängen gibt. Wir sind mit diesen Griffen zuletzt mehr als 1.000 km auf übelsten Pisten in Kirgisistan geradelt, ohne Probleme mit einschlafenden Händen bekommen zu haben. Ein weiterer Vorteil dieser Griffe ist die Befestigung über eine Klemmschraube. Einfache Gummigriffe ohne Klemmung, die auf den Lenker aufgeschoben werden, lösen sich meistens schnell wieder und verdrehen sich dann regelmäßig. Oft hilft es, wenn Sie die Innenfläche der Griffe direkt vor dem Aufziehen leicht mit Waschbenzin befeuchten. So sitzen die Griffe nach dem Ablüften für längere Zeit bombenfest.

Bei einigen Lenkermodellen lassen sich Lenkertaschen nur mit zusätzlicher Verlängerung der Taschenhalter anbringen. Hieraus resultiert eine ungünstige Verlagerung des Taschengewichts, was zu einem spürbar schlechteren Fahrverhalten und bei schweren Lenkertaschen auch zum Aufschaukeln des Fahrrads bei schnellen Abfahrten führen kann.

Jeder Lenker wird über den sogenannten Vorbau am Rahmen befestigt. Bei Verwendung eines Schaftvorbaus ist zu beachten, dass Sie diesen lang genug wählen und ihn auf jeden Fall nur bis zur „max.“-Markierung herausziehen. Bei Verwendung einer Gabel mit gewindelosem Schaft ist ein nachträgliches Erhöhen der Vorbauposition nicht mehr möglich. Daher ist es keine schlechte Idee, den Gabelschaft unter Verwendung von Distanzringen (Spacer) zur Verstellung des Vorbaus lang genug auszuwählen. Den Gabelschaft können Sie später ohne Probleme kürzen lassen, wenn Sie die ideale Position des Vorbaus gefunden haben.

Ein Vorbau mit Winkelverstellung ist vorteilhaft, wenn Sie Ihre richtige Sitzposition noch nicht kennen oder diese auf der Reise variieren möchten. Verstellbare Vorbauten mit einer innen liegenden Zahnhülse zur Fixierung der Einstellung sind sehr stabil. Praktisch ist die zweiteilige Lenkerklemmung bei einigen Vorbauten. Damit müssen Sie bei einem Austausch des Vorbaus nicht Bremshebel, Schalthebel, Griffe, Lenkertaschenhalter, Tacho und Glocke demontieren.

☝ Ganz wichtig ist die richtige Kombination von Lenker und Vorbau, deren Durchmesser auf den zehntel Millimeter identisch sein müssen. Ist der Durchmesser des Vorbaus größer als der Lenker, ist ein sicheres Klemmen nicht möglich. Ist dagegen der Lenkerdurchmesser größer, können durch die punktförmige Belastung Materialschäden am Lenker auftreten oder die Lenkerklemmung des Vorbaus kann schlimmstenfalls brechen!

Sattel

Sollen Sie den aktuellen Werbeversprechen Glauben schenken oder lieber zum guten alten Kernledersattel greifen? Pflegen Sie zum Beispiel einen Brooks-Ledersattel (☞ Weblinks) regelmäßig mit einem speziellen Fett, hält er unter Umständen ein ganzes Radlerleben. Ich habe unterwegs schon Leute getroffen, deren Sattel zig Jahre alt war und unzählige Kilometer hinter sich gebracht hatte. Dabei sahen manche dieser Sättel jedoch der Form einer Banane ähnlicher als einem Sattel. Hartnäckig hält sich immer noch die nostalgische Legende, dass sich gespannte Ledersättel im Laufe der Zeit der Anatomie des Fahrergesäßes anpassen. Richtig ist aus meiner Sicht nur, dass sich diese Sättel im Laufe der Zeit verformen und durchsitzen, da sich die Lederdecke unter der Last des Fahrers längt. Daher müssen Sie den Sattel regelmäßig wieder nachspannen und die Form verändert sich wieder mehr oder weniger hin zum alten Zustand. Von einer Anpassung an das persönliche Hinterteil würde ich dabei aber nicht sprechen.

Auch der Wunsch nach einer Federung lässt sich mit einigen Modellen realisieren. Abzuraten ist definitiv von den reichlich mit Federn bestückten „Hollandrad-Modellen“. Diese sind oft zu weich gefedert, was zu nervtötendem Schaukeln und auch zu Knieproblemen führen kann. Auch würde ich von einer gefederten Sattelstütze abraten, da diese ebenfalls für ein gutes Fahrgefühl auf längeren Reisen ungeeignet ist.

Eine Tendenz hat sich bei uns herauskristallisiert: Je größer die jährliche Kilometerleistung ist und je länger die Radreisen sind, desto angenehmer empfinden wir einen härteren und ungefederten Sattel. Ob das favorisierte Modell passt, merken Sie erst nach etlichen Kilometern. Gute Händler tauschen daher einen unbeschädigten Sattel nach ein paar Testtagen gegen ein anderes Modell aus, wenn Sie merken, dass es keine Verbindung fürs Leben wird.

Wichtig ist das Abdecken eines Ledersattels bei Regen, wenn das Fahrrad abgestellt wird. Beim Transport schützt eine Abdeckung auch vor Beschädigungen der Satteldecke. Daher sollte eine wasserdichte und stabile Hülle immer auf der Tour dabei sein. Ideal ist es, wenn eine verstellbare Kordel den Verlust der Hülle beim Transport auf dem Autodach verhindert.

Bei der Auswahl der Sattelstütze ist zu beachten, dass Sie diese lang genug wählen und sie auf jeden Fall nur bis zur „min."-Markierung herausziehen. Andernfalls ist ein sicheres Klemmen im Rahmen nicht gewährleistet, was zum Sturz führen kann.

Pedale

Bevor Sie ein Pedal aussuchen, müssen Sie wissen, welche Schuhe Sie auf der Reise tragen möchten. Gewöhnliche Straßenschuhe, Wanderstiefel oder Turnschuhe vertragen sich nur mit Pedalen ohne Befestigungssystem. Die Pedalfläche sollte hierfür großflächig, eben und gummiert sein, um ein Abrutschen möglichst zu vermeiden. Sogenannte Bärentatzen mit Stahlnoppen, auf denen der Schuh steht, finde ich nicht optimal. Diese erhabenen Noppen drücken sich durch weiche oder dünne Schuhsohlen, was zu Druckstellen führen kann. Auf die früher bei Rennradlern beliebten Körbchen mit festgezurrten Riemen würde ich aus Komfort- und Sicherheitsgründen ebenfalls verzichten.

Viele Reiseräder sind mit einem sogenannten Klickpedal ausgerüstet. Spezielle Fahrradschuhe bieten die Möglichkeit, kleine Adapter unter die Sohle zu schrauben, die eine lösbare Verbindung zu diesem Pedaltyp herstellen. Hierdurch ist ein runderes, gleichmäßigeres Pedalieren möglich, da der Fuß nicht auf dem Pedal verrutscht. Ein Abrutschen von dem Pedal beim Fahren im Stehen ist damit auch nicht möglich. Schließlich können Sie auch an dem Pedal ziehen, falls Sie einmal eine kräftige Steigung bewältigen müssen. Das Ziehen müssen Sie aber lange üben und es gehört eine einigermaßen gute Kondition dazu, diesen Fahrstil durchzuhalten.

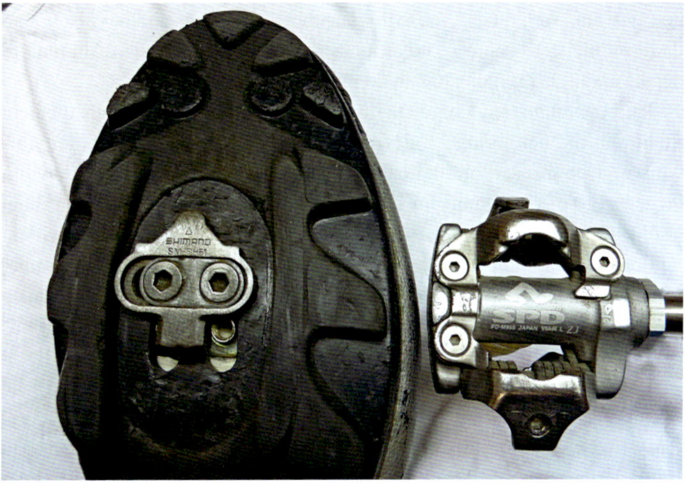

Klickpedal und passender Schuh mit Adapter

☺ Damit Sie mit dem Fahrrad nicht stürzen, weil der Fuß nicht schnell genug aus dem Pedal kommt, stellen Sie die Vorspannung der Adapterfixierung am Pedal auf einen möglichst geringen Wert ein. So kommen Sie auch noch aus dem Pedal, wenn Sie einmal das Gleichgewicht verlieren. Nicht verschweigen möchte ich, dass ich am Anfang mit den Klickpedalen bei zu fester Einstellung gestürzt bin, weil ich beim Anhalten nicht schnell genug aus dem Pedal kam. Eine hohe Vorspannung der Adapterfixierung, wie sie häufig bei Rennrädern vorzufinden ist, ergibt aus meiner Sicht am Reiserad keinen Sinn.

Gepäckträger

Die Wahl sollte auf die stabilste Konstruktion mit möglichst vielen Stützstreben und verstellbaren oberen Befestigungspunkten fallen. Der Gepäckträger soll die Packtaschen so breit wie möglich unterstützen, damit diese nicht umklappen und in die Speichen geraten können. Bewegt sich ein labiler Träger unter der Last der Taschen, kommt es zu gefährlichen Veränderungen des Fahrverhaltens. Von Billigangeboten ist grundsätzlich abzuraten, da diese meistens schlecht gefertigten Träger aus einfachstem Aluminium der Last auf Dauer nicht standhalten und schnell brechen.

Ich bevorzuge langlebige Qualitätsträger der Firma Tubus aus dünnem Stahlrohr, die bei geringem Gewicht eine außerordentliche Stabilität aufweisen. Der große Vorteil liegt auch hier wieder darin, dass Stahl im Gegensatz zu Aluminium im Falle eines Schadens in vielen Werkstätten notdürftig gelötet oder geschweißt werden kann. Außerdem lässt sich ein verbogener Stahlträger wieder richten, was bei dem spröderen Aluminium in der Regel nur mit Einschränkungen möglich ist. Interessant sind auch die ungewöhnlich kundenfreundlichen Garantiebedingungen von Tubus (☞ Weblinks).

Lowrider erlauben das seitliche Anhängen der Packtaschen an die Gabel. Das ergibt durch den niedrigen Schwerpunkt und die auf Vorder- und Hinterrad verteilte Last ein sehr ausgewogenes Fahrverhalten. Ein Lowrider wird im Idealfall an spezielle Gewindeösen der Gabel angeschraubt. Eine Verbindung an Starrgabeln ohne Gewindeösen ist beispielsweise mit speziellen Rohrschellen möglich. Andere Träger, bei denen das Gepäck über dem Vorderrad platziert wird, sind weniger geeignet. Hier kommt es durch eine ungünstige Schwerpunktlage zu schlechterem Fahrverhalten, der Scheinwerfer muss eventuell an anderer Stelle angebaut werden und je nach Gepäckhöhe kann es zu Schwierigkeiten bei der Verwendung von Lenkertaschen kommen. Federgabeln können Sie nicht mit Lowridern ausrüsten, da die meist dünnwandigen Tauchrohre für diese Zusatzbelastung nicht ausgelegt sind. Außerdem können angebrachte Schellen die Tauchrohre eindrücken und damit zerstören. Es gibt zwar Träger, die oberhalb der Federelemente angebracht werden können. Diese bringen leider auch den Taschenschwerpunkt weit nach oben, was sich spürbar negativ auf das Fahrverhalten auswirkt.

Um Gepäcktaschen sicher an den Gepäckträgern anzubringen, muss der Rohrdurchmesser des Trägers mit der Hakenweite der Tasche so weit wie möglich übereinstimmen. Hierzu liegen guten Gepäcktaschen Adapter für unterschiedliche Rohrdurchmesser bei. Das Feintuning erledigen Sie mit breitem Gewebeklebeband, das Sie in der erforderlichen Dicke um die Rohre des Trägers kleben. Einerseits schützen Sie so den Träger vor Abnutzung an den Auflagestellen der Taschenhaken, andererseits verhindern Sie wirkungsvoll das Klappern der Taschenhaken.

Beleuchtung

Schlechtes Wetter, Fahrten in der Dämmerung oder gelegentlich in der Dunkelheit sowie schlecht beleuchtete Tunnel sind auf einer Radreise nicht auszuschließen oder gar an der Tagesordnung. Ein für andere Verkehrsteilnehmer nicht erkennbares Fahrrad kann dann katastrophale Folgen nach sich ziehen.

In Deutschland ist die Verwendung einer Lichtanlage nach § 67 StVZO gesetzlich vorgeschrieben. Abnehmbare Batterie- und Akkugeräte mit Prüfzeichen sind in Deutschland mittlerweile zugelassen, müssen jedoch während der Dämmerung, bei Dunkelheit oder wenn es die Sichtverhältnisse sonst erfordern, angebracht werden. Blinkende Scheinwerfer oder Rückleuchten sind unzulässig. Ausführliche und aktuelle Informationen gibt es beim Bundesministerium der Justiz (☞ Weblinks).

Im Handel sind fast nur noch äußerst helle LED-Scheinwerfer zu finden, die eine hervorragende Fahrbahnausleuchtung ermöglichen. Diese Scheinwerfer haben die bisher gängige Halogenbeleuchtung nahezu verdrängt und überzeugen durch eine sehr lange Lebensdauer. Die vorgeschriebenen Reflektoren sind idealerweise bereits in die Lampe integriert. Üblicherweise schalten sich diese Scheinwerfer bei Verwendung eines Nabendynamos bei Dämmerung oder Dunkelheit selbsttätig ein. Außerdem sind die Topmodelle mit einem Tagfahrlicht ausgestattet, das den Radler auch am Tage durch helles Streulicht gut sichtbar werden lässt. Bei der Auswahl sollten Sie nicht nur auf die maximale Leuchtstärke achten. Wichtiger ist eine möglichst gleichmäßige Ausleuchtung der Straße unter Einbeziehung des Nahbereichs vor dem Fahrrad. Der einzige Nachteil guter LED-Lampen ist der sehr hohe Kaufpreis. Daher sollten Sie darauf achten, dass sich das Standlicht der Scheinwerfer nach dem Abstellen des Fahrrads auch ausschalten lässt, um Langfinger nicht unnötig anzulocken.

☺ Rückleuchten sind in aller Regel bereits mit einer Standlichteinrichtung ausgerüstet, sodass Sie im Dunkeln auch mit stehendem Fahrrad von hinten erkannt werden können. Wichtig ist, ein Modell zu wählen, das am Gepäckträger montiert ist. Am Schutzblech montierte Rückleuchten sind sehr stoßgefährdet und daher schnell beschädigt.

Als Kraftwerk für eine fest installierte Beleuchtungsanlage eignet sich am besten ein wartungsarmer Nabendynamo im Vorderrad. Dieser läuft sehr leise mit kaum spürbarem Widerstand und bringt schon bei geringen Geschwindigkeiten ausreichend Leistung für helles Licht. Außerdem ist ein Nabendynamo sehr funktionssicher, insbesondere auch bei Regen und Schnee. Für Vielradler bieten sich die Spitzenmodelle der deutschen Firma SON (☞ Weblinks) an. Den nur noch selten angebotenen Rolldynamo, der unter dem Hinterbau angebracht ist und auf der Reifenlauffläche abrollt, sollten Sie nicht verwenden. Dieser befindet sich direkt im Spritzbereich des Vorderrads und verschmutzt somit bei Nichtgebrauch stark, was die Funktion sehr beeinträchtigt. Außerdem nutzt die Oberfläche eines Rolldynamos schnell ab. Der gute alte Seitendynamo ist nur bei stollenfreien Reifenflanken einsetzbar. Die Leistung fällt bei vielen Seiten- oder Rolldynamos im Vergleich zum Nabendynamo deutlich ab und außerdem sind sie erheblich lauter als ein Nabendynamo. Ein weiterer Nachteil ist das Durchrutschen des Seitendynamos bei Nässe und Schnee. Für die Verkabelung der Lichtanlage sollten Sie nur verstärkte, zweiadrige Kabel verwenden.

Wenn Sie nicht vorhaben, im Dunkeln zu fahren, stellt sich natürlich die Frage, ob überhaupt eine Beleuchtung installiert werden muss, die oft nicht billig ist, einiges wiegt und bei Bedarf oft defekt ist. Bei Sommertouren, z. B. in den nordischen Ländern, ist eine fest installierte Beleuchtungsanlage aus Sicht einiger Radler überflüssiger Ballast. Wir fahren grundsätzlich nicht bei Dunkelheit. Ich habe daher im Ausland auf meinen Radreisen für die wenigen Notwendigkeiten, wie zum Beispiel dunkle Tunnel, nur eine gute Batterieleuchte am Gepäckträger und eine sehr helle Stirnlampe dabei, die sonst im Zelt in Gebrauch ist (☞ Ausrüstung). Meine Entscheidung erfolgt auch in der Gewissheit, dass in der Dunkelheit die an den Reifen und an den Fahrradtaschen angebrachten weißen Reflektoren sowie eine reflektierende Warnweste wesentlich mehr zur Erkennung beitragen als die Beleuchtung.

Ein Problem auf Reisen abseits bewohnter Gebiete ist das Nachladen mitgeführter Akkus und elektrischer Geräte wie Mobiltelefone oder GPS-Empfänger. Radler, die einen Nabendynamo installiert haben, sind hier im Vorteil. Mittlerweile gibt es Geräte, die während der Fahrt Akkus und elektrische Geräte aufladen können. Die Firma Busch und Müller beschreibt zum Beispiel auf ihrer Internetseite (☞ Weblinks) die Lademöglichkeiten ihres sogenannten USB- bzw. E-Werks, das mit etlichen Anschlussmöglichkeiten für eine Vielzahl von Geräten ausgestattet ist. Die gleiche Zielrichtung weist das Plug-System von Toutterrain auf (☞ Weblinks).

Zubehör

Ein Radwanderer muss unterwegs oft und viel trinken. Glasflaschen im Gepäck sind schwer und bruchgefährdet. Spezielle **Trinkflaschen** sind daher auf jeder Radwanderung ein unentbehrlicher Begleiter. Sie finden schnell zugänglich ihren Platz in stabilen **Flaschenhaltern**, die überwiegend am Rahmen befestigt werden. Als Materialien für die Flaschen stehen Kunststoff und beschichtetes Aluminium zur Auswahl. Kunststoffflaschen sind zwar preiswert, aber die Getränke nehmen bei einigen Modellen einen seltsamen Geschmack an, speziell säurehaltige Getränke. Aluminiumflaschen sind unverwüstlich, geschmacksneutral und können leicht gereinigt werden. Außerdem können Sie in sie gut Getränke mit Kohlensäure einfüllen, da diese Flaschen bei Verwendung von speziellen Schraubverschlüssen im Gegensatz zu Kunststoffflaschen wirklich dicht sind. Aluflaschen sind jedoch teuer, neigen zum Klappern und sind schnell eingedellt. Außerdem können Sie mit Aluflaschen aufdringliche Hunde schlecht anspritzen. Eine weitere, teurere Variante sind hygienische Edelstahlflaschen.

Auf Reisen sind mindestens zwei Flaschen mit jeweils 0,75 l zu empfehlen. Damit kommen Sie in der Regel bis zur nächsten Nachfüllmöglichkeit gut klar. Bei Reisen in warme oder abgelegene Gebiete ist auch eine dritte Flasche notwendig, die unter dem Unterrohr oder in speziellen Sattelgestellen angebracht werden kann. Alternativ sind Flaschenhalter

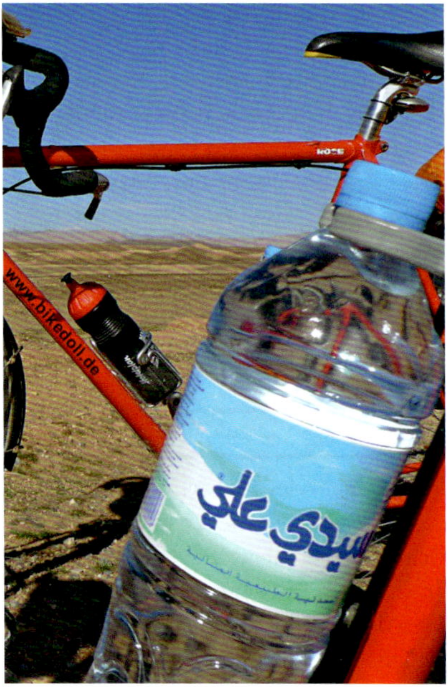

Für abgelegene Gebiete empfiehlt sich ein Halter für 1,5-l-PET-Flaschen

erhältlich, die handelsübliche 1,5-l-PET-Flaschen aufnehmen können, wie sie in fast allen Ländern verfügbar sind.

Grundsätzlich sind Flaschenhalter aus Kunststoff langlebiger als solche aus Aluminium, da die dünnen Aluminiumkonstruktionen früher oder später aufgrund der Vibrationen am Rad brechen.

Auf unseren Reisen war der **Tacho** mit großem Abstand das Teil, das uns am häufigsten im Stich ließ! Mal waren die Kontakte korrodiert, mal das Kabel des Sensors gerissen, mal Wasser im „waterproof" Gehäuse und mehrfach die Betätigungstasten defekt. So habe ich schließlich in den letzten Jahren überwiegend einfache und preiswerte Modelle gewählt, wo sich der Trennungsschmerz nach einem Defekt in Grenzen hält. Und wenn ich ehrlich bin, habe ich die wenigsten der mannigfaltigen Daten teurer Tachos auf der Reise wirklich benötigt oder abgerufen. Auf einer Radreise sollte ein einfacher Tacho mindestens die Funktionen Geschwindigkeit, Durchschnitt, Tageskilometer, Gesamtkilometer und eventuell noch die Fahrzeit anzeigen. Die Uhrzeit zeigen alle Modelle an. Wenn Sie zwei Fahrräder besitzen, ist es vorteilhaft, wenn der Tacho diese Funktionen für zwei verschiedene Raddurchmesser anzeigen kann. Gut ist eine Halterung, die Sie auch um 90° gedreht montieren können. So ist die Montage des Tachos auch zentral auf dem Vorbau möglich.

☺ Ideal sind Modelle, die große Bedientasten aufweisen und außerdem alle Funktionen groß und in deutscher Sprache darstellen. Ein solcher Tacho kann auch unter widrigen Bedingungen gut abgelesen und bei Kälte mit Handschuhen bedient werden. Außerdem entfällt das Raten, was die englischen Abkürzungen auf dem Display denn wohl bedeuten mögen. Die besten Erfahrungen auf unseren Reisen habe ich unter Berücksichtigung dieser Aspekte mit Tachos von Sigma (☞ Weblinks) gemacht.

Wenn Sie Wert auf weitere Funktionen wie Trittfrequenz, Höhenmessung oder Pulsfrequenz legen und vielleicht gar eine Auswertung am PC vornehmen möchten, wird es gleich erheblich teurer, aber qualitativ nicht unbedingt besser. Außerdem sind bei teuren Modellen derart viele Funktionen wählbar, dass diese oft in mehreren verschachtelten Ebenen angeordnet sind. Diese Eigenart trägt nicht unbedingt zur Bedienungsfreundlichkeit bei.

Um dem Phänomen der physikalisch nicht erklärbaren Verdunstung ganzer Fahrräder Einhalt zu gebieten, ist es unumgänglich, auf einer Radreise ein hochwertiges **Fahrradschloss** mitzuführen. Fahrradschlösser sind mittlerweile in Qualitäten erhältlich, die nach Aussage der Hersteller nahezu jedem gewöhnlichen Werkzeug widerstehen. Über Nacht sollte das Fahrrad damit nicht nur abgeschlossen, sondern stets an einen festen Gegenstand angeschlossen werden. Ich bevorzuge hierfür ein sehr hochwertiges und kompaktes Faltschloss der oberen Preisklasse (z. B. Abus Bordo, ☞ Weblinks), da es sehr sicher ist und universeller eingesetzt werden kann als andere Schlösser. Zusammen mit dem Rahmen ist unbedingt auch das Vorderrad zu sichern, da es bei Verwendung eines Schnellspanners leicht ausgebaut werden kann. Hierzu reichen die vorgenannten Fahrradschlösser aufgrund ihrer geringen Länge oft nicht aus. Abhilfe kann z. B. bei einer Tour mit Partner das Auswählen von zwei gleichen Falt- oder Kabelschlössern sein, die Sie zur Verlängerung verbinden können. Alternativ hierzu können Sie auch ein hochwertiges Schloss mit einem längeren Schlaufenkabel kombinieren, das jedoch in der Regel eine deutlich geringere Sicherheit aufweist. Mit dem hochwertigen Schloss schließen Sie in diesem Fall das Rad an einen festen Gegenstand an. Mit dem

Schlaufenkabel, das Sie mit dem hochwertigen Schloss verbinden, lässt sich das Vorderrad gegen Diebstahl sichern. Diese Variante bietet sich bei Soloreisen an, da ein Schlaufenkabel deutlich leichter und preiswerter ist als ein zweites hochwertiges Schloss.

Für absolut unverzichtbar halte ich einen kleinen **Rückspiegel**, der vorzugsweise seitlich in die Lenkstange geklemmt oder mit Kunststoffschellen anderweitig am Lenker befestigt wird. Im Spiegel lässt sich der rückwärtige Verkehr beobachten. Nur so können Sie voraussehen, wenn es auf der Straße zum Beispiel bei zusätzlichem Gegenverkehr eng für Sie wird und noch rechtzeitig die Flucht auf die Bankette antreten. Uns hat der Rückspiegel schon mehrfach vor kritischen Situationen bewahrt!

Ein Spiegel am Lenker kann lebensrettend sein

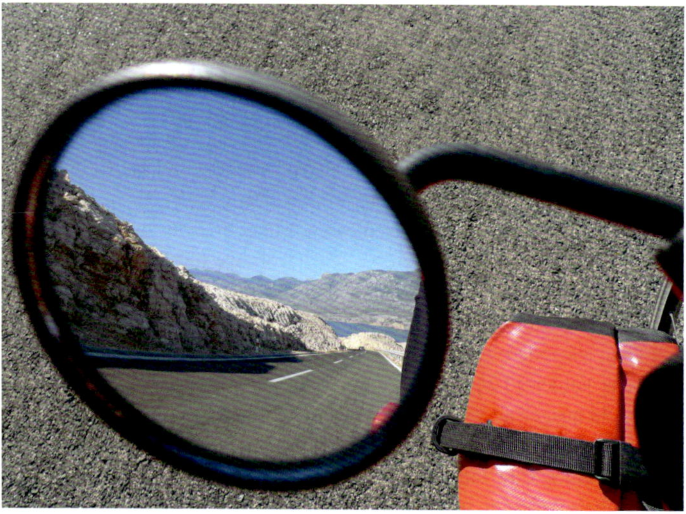

Schließlich gehört an jedes Reiserad ein stabiler **Fahrradständer**, der vorzugsweise in der Nähe der Nabe am Hinterbau angebracht wird. Wir haben nur ein einziges Mal auf einer Radreise aus Gewichtsgründen auf den Ständer verzichtet und das die ganze Zeit über bereut. Es ist eine lästige Prozedur, bei jedem Abstellen eine geeignete Möglichkeit zu suchen, das Fahrrad anzulehnen, um dann doch zu sehen, wie das gute Stück regelmäßig umfällt. Ein guter Ständer ist aus Stahl, hat eine Fußplatte aus Kunststoff und ist in der Länge verstellbar, um ihn optimal an das bepackte Fahrrad anpassen zu können. Billige Ständer aus dünnem Aluminium genügen für den Alltag, brechen nach meiner Erfahrung aber auf der Reise unter der Last eines bepackten Fahrrads recht schnell ab.

Der Fahrradkauf

Auch wenn es auf den ersten Blick nicht so erscheint, ist der Fahrradkauf nicht trivial, sofern Sie Fehlkäufe vermeiden möchten. Mittlerweile gibt es eine nahezu unüberschaubare Auswahl an Fahrradtypen und Zubehör. Daher ist vor dem Kauf eine intensive Beschäftigung mit dem Thema ratsam.

Kaufen Sie das Fahrrad daher nicht gleich beim ersten Händlerbesuch. Lassen Sie sich Zeit und bestehen Sie möglichst auf einer ausgiebigen Probefahrt mit dem empfohlenen Modell, idealerweise mit gefüllten Fahrradtaschen. Nehmen Sie die auf Ihren Bedarf selbst ergänzte „Checkliste Fahrradkauf“ (☞ S. 52) mit zum Händler. Diese sollten Sie konsequent abarbeiten, um das Fahrrad dann zu Hause in aller Ruhe mit anderen Angeboten vergleichen zu können. Ziehen Sie die Kataloge der großen Versandhäuser und Fahrradhersteller zum Vergleich hinzu. Egal ob online oder teils noch als gebundenes Exemplar: Sie enthalten in der Regel ausführliche Ausstattungslisten und unzählige beschriebene Einzelteile, an denen Sie sich zusammen mit den Preisen leicht orientieren und die Angebote beim eigenen Händler besser einordnen können. Führender Händler in Europa und empfehlenswert ist unter anderem der Internetauftritt des Roseversands in Bocholt mit vielen Seiten voller Räder, Fahrradteile, Zubehör und Fahrradkleidung (☞ Weblinks).

☺ Klären Sie vor dem Kauf die Möglichkeit des Umbaus bestimmter Teile, wie etwa Vorbau, Lenker und Sattel. Kleine Änderungen sollten kostenlos sein. Größere Wünsche sind bei guten Händlern direkt beim

Kauf, unter Anrechnung der ausgetauschten Teile, günstiger umzusetzen als nachträglich.

Beim Versandhandel sind aufgrund der hohen Verkaufszahlen gute Fahrräder mit hochwertiger Ausstattung meist erheblich günstiger zu bekommen als beim kleinen Händler um die Ecke. Auch liegen führende Versender in den Vergleichstests der einschlägigen Radmagazine oft unter den besten Anbietern. Sie können bei einigen Versandhändlern das ausgewählte Fahrradmodell entsprechend der persönlichen Wünsche bis ins Detail konfigurieren. Ein Kauf beim Versender kommt für einen Radler grundsätzlich nur dann nicht in Frage, wenn er selbst einfachste Wartungsarbeiten am Fahrrad nicht selbst bewerkstelligen kann. Beispiele für Fahrradfirmen mit besonders reisetauglichen Fahrrädern sind im Anhang aufgeführt (☞ Weblinks). Abgesehen davon ist der Fachhändler vor Ort immer ein guter Ansprechpartner, was man auch honorieren kann.

Checkliste Fahrradkauf

▷	Rahmen:	Welches Material?
		Körpermaße individuell bestimmt?
		Empfohlene Rahmengröße?
		Sattel noch ausreichend nach unten verstellbar?
		Gefederte Sattelstütze nachträglich montierbar (Rahmenhöhe!)?
		Gewindeösen für mindestens zwei Flaschenhalter?
▷	Gabel:	Lowrider möglich (Gewindeösen) oder bereits angebaut?
		Gabelschaft bei Ahead-Steuersatz lang genug? (Nachträglich kürzbar!
		Neigungsverstellbarer Vorbau montiert?
▷	Laufräder:	Felgen stoßfrei überdreht und mit Verschleißanzeige (Felgenbremse)?
		Nabenlager: Gruppe, Typ?
		Edelstahlspeichen mit Verjüngung?
		Reisetaugliche Qualitätsreifen, maximal nutzbare Reifenbreite?

▷	Bremsen:	Typ, System, hydraulische Betätigung? Bremsklötze richtig eingestellt?
▷	Licht:	Helles LED-Licht mit Standlichtfunktion vorn und hinten? Nabendynamo?
▷	Antrieb:	Schaltkräfte bei Drehschaltgriffen eventuell zu hoch? Gangzahl, Übersetzung, gleiche Gruppe bei allen Teilen?
▷	Sonstiges:	Bügel-/Falt-/Panzerschloss mit Halterung? Stabiler Gepäckträger vorn und hinten, Material Stahl? Sattelmodell bequem und reisetauglich (eigener Sattel ist ideal)? Umtauschmöglichkeit des Sattels bei Sitzproblemen? Stabiler Seitenständer aus Stahl? Längenverstellbar? Schutzbleche ausreichend breit und lang? Verrechnet der Händler Teile bei Sonderwünschen? Baut der Händler beim Kauf Sonderwünsche kostenlos um? Erste Inspektion kostenlos? Ausführliche Bedienungs-, Wartungs- und Einstellanleitung?
▷	Probefahrt:	Gutes Fahrgefühl? Wendig oder träge? Guter Geradeauslauf? Gute Bremsleistung, sicherer Geradeauslauf? Stoßen Schuhe beim Fahren an Rahmen, Schutzblech, Taschen?

Einstellung von Sattel und Lenker

Ein guter Händler wird nur ein richtig eingestelltes Fahrrad übergeben! Zur Kontrolle dienen folgende Informationen zur Grundeinstellung: Optimal ist für den Anfang meist ein möglichst waagerechter Sattel. Im Idealfall nehmen Sie Ihren passenden Sattel vom vorhandenen Fahrrad mit oder Sie wählen beim Kauf das gleiche Sattelmodell! Steht die Nase zu niedrig, haben Sie keinen Halt auf dem Fahrrad und rutschen nach vorn. Eine zu hohe Sattelnase kann dagegen unangenehmen Druck und taube Stellen erzeugen. Die Sattelhöhe wird so eingestellt, dass bei geradem Becken beim Treten die Knie am unteren Totpunkt nicht durchgedrückt werden, sondern stets leicht angewinkelt bleiben. Die horizontale Sattelposition ist in etwa korrekt, wenn die Vorderkante der Kniescheibe sich bei waagerecht stehender Kurbel direkt über der Mitte der Pedalachse befindet. Der Lenker wird über die Verstellung des Vorbaus für eine bequeme Sitzhaltung etwas über Sattelhöhe positioniert. Von dieser Grundeinstellung erfolgt die Feinjustierung im Rahmen der ersten Ausfahrten. Beim Einstellen der Sattel- und Lenkerhöhe ist unbedingt darauf zu achten, dass die Sattelstütze und der Vorbau nicht über die eingravierte Markierung hinaus herausgezogen werden!

Sollte bereits ein Fahrrad mit bewährter Einstellung vorhanden sein, sollten die folgenden Maße abgegriffen und dem Händler zur Rahmenauswahl und Einstellung von Sattel und Lenker übergeben werden:

- ▷ Beinlänge von Satteloberkante bis Mitte Pedalachse (Pedal unten, Kurbel in gleicher Achse mit Sattelrohr)
- ▷ Abstand von Sattelspitze bis Mitte Tretlager (Verwendung eines Lots!)
- ▷ Höhendifferenz von Oberkante Sattel bis Oberkante Grifffläche des Lenkers
- ▷ Länge von der Sattelspitze bis zur Lenkermitte im Bereich der Grifffläche
- ▷ Lenkerbreite zwischen den beiden Handauflageflächen

Mit diesen fünf Maßen kann eine bequeme und auch auf langen Strecken bewährte Sitzposition, unabhängig von der Rahmen- und Komponentengeometrie, auf das neue Fahrrad 1:1 übertragen werden. Lassen Sie sich vom Händler auf keinen Fall zu einer deutlich abweichenden Sitzposition überreden, falls er kein Fahrrad liefern kann, das sich mit den Maßen einer bewährten Sitzposition deckt!

Ausrüstung

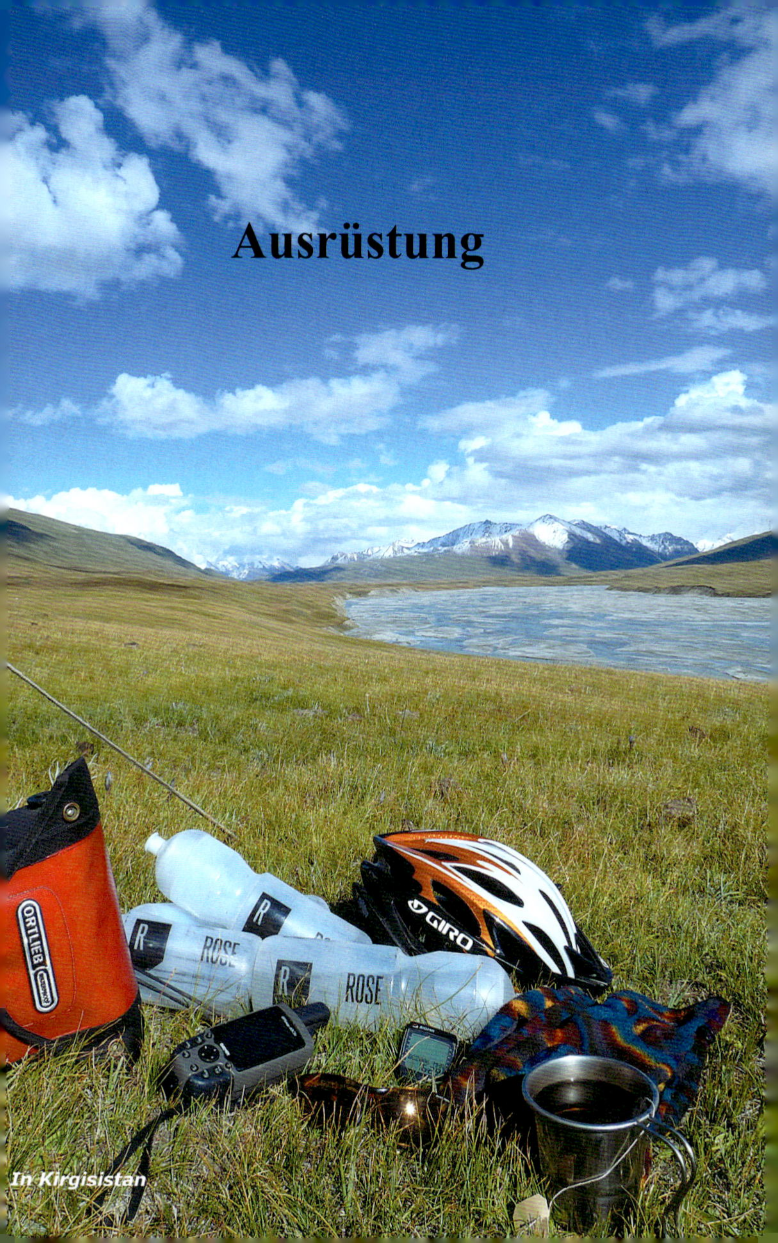

In Kirgisistan

Für den Einsteiger ist es nicht immer einfach, aus dem riesigen Produktangebot das Richtige für den persönlichen Anspruch und die Notwendigkeiten auf der Tour zu finden. Eine Übersicht über das große Spektrum der angebotenen Ausrüstungsgegenstände bekommen Sie am besten mithilfe der gängigen Ausrüstungskataloge im Internet. Hier bieten viele Ausrüster sehr informative Warenbeschreibungen und teils auch Kundenbeurteilungen zu einzelnen Produkten, die helfen, manchen Fehlkauf zu vermeiden (☞ Weblinks).

☺ Betreiben Sie neben dem Fahrradfahren noch weitere Sportarten, lässt sich durch geschickte Auswahl doppelt nutzbarer Teile eine Menge Geld sparen. Wir nutzen zum Beispiel beim Skilanglauf überwiegend den Teil unserer Fahrradbekleidung, den wir für schlechtes und kaltes Wetter angeschafft haben!

Fahrradtaschen

Für ein optimales Fahrverhalten des bepackten Reiserads ist es sinnvoll, großes Gepäck zu fixieren und außerdem auf das Vorder- und Hinterrad zu verteilen. Trotzdem sieht man unterwegs immer wieder, dass Radler kleine Türme aus diversen Taschen ausschließlich auf dem hinteren Gepäckträger festzurren. Hiervon ist aus verschiedenen Gründen abzuraten:

Das Anbringen von viel Gepäck über dem Hinterrad verlagert den Schwerpunkt nach oben und außerdem nach hinten, was spürbar negative Auswirkungen auf das Fahrverhalten hat. Das Vorderrad kann hierdurch bei steilen Passagen und bei kräftigem Antritt von der Fahrbahn abheben. Insbesondere bei schnellen Abfahrten kann außerdem das gefürchtete Aufschaukeln des Fahrrads auftreten. Auch das Absteigen von einem so bepackten Fahrrad ist nicht einfach und die regendichte Abdeckung bei einfachen Taschen wird unnötig erschwert. Nicht zu empfehlen sind hintere Packtaschen, die aus einem Teil gefertigt sind: Auf zwei Seitentaschen ist dabei ein großes, oben liegendes Gepäckfach fest angebracht. Diese Konstruktion ist sehr voluminös und führt vollgepackt leicht zu Schwierigkeiten beim Handling, zum Beispiel in Verkehrsmitteln oder der Unterkunft. Weiterhin kann die große Abmessung dreier zusammenhängender Taschen zu Problemen beim Camping mit einem kleinen Zelt führen.

Fahrradtaschen, die vorn und hinten einzeln an den jeweiligen Gepäckträgerseiten hängen, vermeiden die angesprochenen Probleme. Sie können sie aufgrund ihrer kompakten Größe gut in der Unterkunft oder im Zelt verstauen. Das Einzelgewicht ist noch tragbar und durch die tiefe Anbringung ergibt sich ein optimaler Schwerpunkt des bepackten Fahrrads. Nur bei sehr wenig Gepäck sind Vorderradtaschen verzichtbar.

☺ Wer häufig auf eine Radreise geht, ist mit einer Auswahl von drei verschieden großen Fahrradtaschenpaaren gut bedient: Zwei kleine Vorderradtaschen am hinteren Gepäckträger angebracht reichen oft schon für die Hoteltour am langen Wochenende. Bei mittelgroßem Gepäck nehmen Sie zwei kleine Taschen vorn und zwei größere Vorderradtaschen hinten ans Fahrrad. Und mit der Kombination von großen Vorderradtaschen und zwei Hinterradtaschen sind Sie bestens für die lange Fernreise mit kompletter Campingausrüstung ausgestattet.

Mit drei verschiedenen Taschenpaaren sind Sie für jede Tour gerüstet

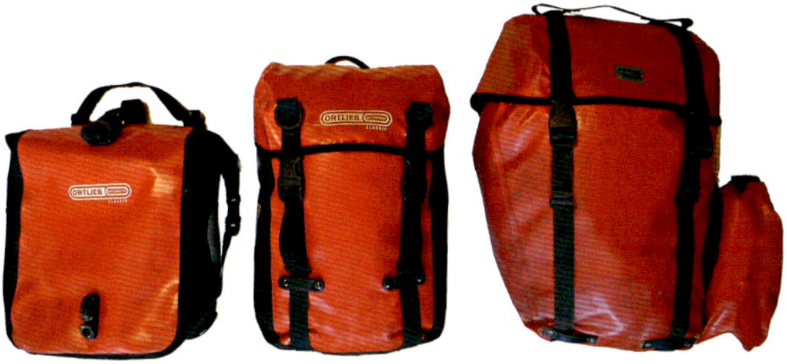

Legen Sie unbedingt Wert auf das wassergeschützte Verpacken von Kleidung und sonstiger Ausrüstung. Dieses ist auf zweierlei Arten möglich: Sie wählen absolut wasserdichte Packtaschen, zum Beispiel von Ortlieb oder Vaude (☞ Weblinks), oder Sie nutzen äußere Regenhüllen.

Wasserdichte Taschen verfügen über verschweißte Nähte und haben den großen Vorteil, nach einem Regentag einfach mit einem kräftigen Wasserstrahl, zum Beispiel an einer Tankstelle, gesäubert werden zu können. Sie weisen idealerweise große Reflektoren auf, die bei Schmuddelwetter oder Dunkelheit lebensrettend sein können. Radler ohne Reflektoren werden bei Dunkelheit nur unterhalb von 30 m gesehen, mit Reflektoren dagegen schon in einer Entfernung von 150 m! Beim Material für die Taschen sollten Sie zur etwas dickeren PVC-Beschichtung greifen, die fast unverwüstlich ist und bei einem trotzdem auftretenden Schaden mit entsprechenden Flicken einfach und dauerhaft repariert werden kann: Meine Hinterradtaschen von Ortlieb habe ich 1994 gekauft und noch immer in Gebrauch! Die dünneren, meist auf der Innenseite PU-beschichteten Gewebe, sind insbesondere an Knickstellen nicht dauerhaft dicht und dort auch schwieriger zu reparieren. Daher sind auf Dauer auch umweltbewusste Radler unter dem Strich mit den unverwüstlichen PVC-Taschen besser bedient.

Bei nicht wasserdichten Taschen dringt – unabhängig von der Qualität – die Nässe durch die Nähte oder teilweise sogar durch das Gewebe nach innen, weshalb spezielle Regenhüllen erforderlich sind. Diese haben jedoch einige Nachteile: Das Aufziehen ist lästig, umständlich und zeitaufwändig. Bedenken Sie, dass bei einem plötzlichen Schauer auch noch die Regenkleidung angezogen werden muss. Die Regenüberzüge müssen griffbereit verstaut werden, sonst zieht man sie aus Bequemlichkeit erst zu spät über. Sind die Regenüberzüge nass und dreckig, wissen Sie abends im Quartier oder im Zelt erst einmal nicht, wohin damit. Die Taschen sind mit übergezogenen Hüllen nicht mehr einfach zugänglich, um Verpflegung oder eine Jacke zu entnehmen. An der ungeschützten Taschenrückseite laufen Regen und Spritzwasser herunter und sammeln sich an der tiefsten Stelle in der Hülle. Dadurch steht die Tasche im unteren Bereich nach einiger Zeit im Wasser und die Nähte sorgen dafür, dass die Feuchtigkeit dann doch ins Innere der Taschen gelangt. Auch nachträglich eingestochene Löcher in die Unterseite der Hülle helfen nicht viel. Außerdem verdecken Regenhüllen die Reflektoren an den Taschen, was für mich ein weiterer großer Nachteil ist.

☺ Sehr nützlich ist je eine kleine Außentasche an den hinteren Packtaschen. Dort verstauen Sie idealerweise Regenjacke, -hose, -gamaschen oder das Werkzeug zusammen mit dem Kettenöl und dem Reserveschlauch. So ist das Werkzeug bei Bedarf sofort griffbereit und Sie können die Regensachen sogar mal nass verstauen. Außen liegende Netztaschen finde ich nicht optimal, da darin verstaute Kleidungsstücke zwar trocknen können, jedoch auch ziemlich einstauben.

Für die Vorderradtaschen sind absolut dichte Rollverschlüsse optimal, da sie bei entsprechender Packstrategie am Tag unterwegs nicht geöffnet werden müssen. Die Hinterradtaschen sollten dagegen Klappdeckel aufweisen, da diese einfacher und schneller geöffnet werden können. Hier verstauen Sie neben der Windjacke und der langen Hose beispielsweise auch die Verpflegung und die Küchenutensilien, die Sie häufiger unterwegs nutzen (☞ Packen). Außerdem lässt sich eine Tasche mit Klappdeckel kurzfristig besser überladen als eine Tasche mit Rollverschluss (zum Beispiel mit Lebensmitteln für das Abendessen).

Gute Taschenmodelle hängen nicht mit einfachen Haken am Gepäckträger, sondern haben eine automatisch wirkende Sicherheitsverriegelung, die auf schlechten Wegen ein Abspringen wirkungsvoll verhindert. Außerdem helfen verstellbare Haken an der Rückseite, die Taschen auch weiter unten am Gepäckträger zusätzlich zu fixieren, um das Klappern derselben zu verhindern. Möchten Sie die Taschen an mehreren Rädern nutzen, ist es ideal, wenn alle Haken ohne Werkzeug einstellbar sind. An eine neue Fahrradtasche sollten Sie mindestens folgende Ansprüche stellen:

Checkliste Fahrradtasche

- ▷ Formstabile Rückseite, verstärkte Stoßkante unten?
- ▷ Starkes reißfestes Material, möglichst wasserdicht?
- ▷ Umlegte Mehrfachnähte bzw. eine dichte Verschweißung?
- ▷ Keine (offenliegenden) Reißverschlüsse?
- ▷ Kleine Außentaschen für Regenkleidung oder Werkzeug? (Außentasche als Zubehör evtl. nachträglich anbringen)
- ▷ Werkzeuglos verstellbare Sicherheitsaufhängung?
- ▷ Leichtes Anbringen und Abnehmen der Tasche vom Gepäckträger?
- ▷ Signalfarbe und große Reflektoren?
- ▷ Einfaches Öffnen und Schließen der Tasche?

Für die Lenkertasche gelten die gleichen Grundanforderungen wie für die Packtaschen. Sie sollte darüber hinaus möglichst klein und leicht sein, damit das Fahrverhalten durch verstärkte Flatterneigung nicht negativ beeinflusst wird. Außerdem ist aufgrund des vorwiegend wertvollen Inhalts, wie Kamera und Mobiltelefon, eine absolut wasserdichte Ausführung sehr wichtig. Regenhüllen sind hier fehl am Platz. Achten Sie unbedingt darauf, dass die Tasche leicht angebracht und wieder abgenommen werden kann. Vorteile bieten Modelle mit einrastenden Aufstecksystemen, etwa von Ortlieb oder Klick-Fix (☞ Weblinks). Durch einen einfachen Mechanismus ist die Abnahme dabei innerhalb einer Sekunde möglich und schützt trotzdem vor ungewolltem Abspringen. Modelle mit formstabilem Innenrahmen verhindern, dass eine gefüllte Tasche schon nach kurzer Zeit schlaff herunterhängt. Preiswerte Systeme befestigen die Taschen mit Klettbändern oder auf Bügeln. Hierbei ist die Handhabung natürlich umständlicher.

An Innenflächen aus hartem Kunststoff klappert der Inhalt während der Fahrt, was auf Dauer störend ist. Weiche Innenwände oder selbst eingesetzte Auskleidungen aus Schaumstoff können das verhindern. Ich fertige mir zur besseren Ordnung aus stabiler Pappe (mit Gewebeklebeband verstärkt) oder leicht unter Wärme formbaren dünnen Weich-PVC-Platten eine Inneneinteilung an. Alternativ schaffen in den Innenraum gestellte Etuis oder kleine Täschchen etwas Übersicht. Ohne derartige Ordnungshilfen passiert es regelmäßig, dass die ganze Tasche ausgeschüttet werden muss, weil zum Beispiel der Lippenschutzstift wieder einmal ganz unten liegt.

Der beste Platz für die Straßenkarte ist die Oberseite der Lenkertasche, da sie dort immer im Blickfeld des Radlers liegt. Eine fest in die Lenkertasche eingenähte oder geklebte Kartentasche hat den Nachteil, bei Beschädigung nicht ausgewechselt werden zu können. Da die durchsichtigen Folien bei längerer Sonnenbestrahlung oft brüchig werden und einreißen oder vergilben, sind Sie mit einer austauschbaren Kartentasche auf Dauer besser bedient. Optimal in Bezug auf Größe und Wasserdichtheit sind die auch einzeln zu kaufenden Kartentaschen von Ortlieb, die über zwei Druckknöpfe an der Lenkertasche befestigt werden. Eine Kartenhalterung, die in der Größe eines kleinen Kuchenblechs über dem Lenker schwebt, ist nicht zu empfehlen, da sie dem Wind einen zu starken Widerstand ent-

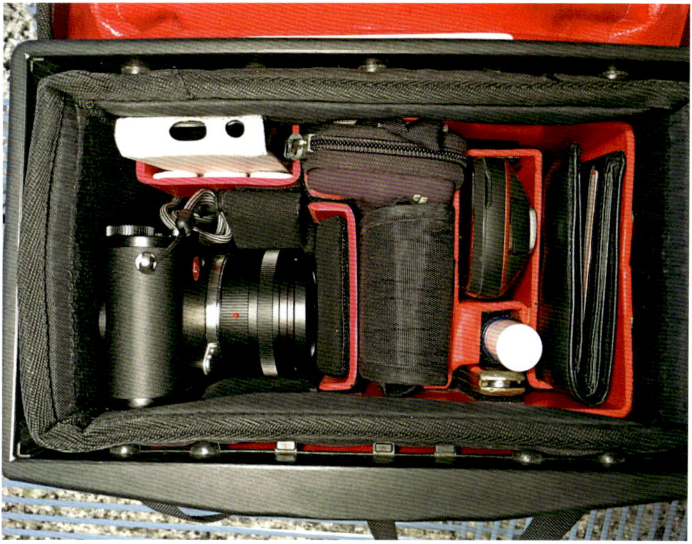

Eine Innenteilung in der Lenkertasche hält Ordnung

gegensetzt und beim Transport des Fahrrads leicht beschädigt werden kann.

☺ Falls eine vorhandene Lenkertasche keine passenden Druckknöpfe zur Befestigung einer Kartentasche hat: Beim Schuster können Sie die Tasche für wenige Euro mit den passenden Druckknöpfen versehen lassen oder Sie kaufen sich eine gute Druckknopfzange und erledigen die Sache selbst.

Von einer Rahmentasche rate ich ab, da diese umständlich mit einem Klettband befestigt wird, auf Dauer die Lackierung anscheuert und bei Regen nicht wasserdicht ist. Außerdem behindert sie das einfache Entnehmen der Trinkflaschen beim Fahren. Auch eine Satteltasche ist nicht optimal, da es nur wenige wasserdichte Modelle gibt und man irgendwann vergisst, sie beim Abstellen des Fahrrads abzunehmen. So ist ein Diebstahl leicht möglich. Rucksäcke kann ich nur für kurze Touren mit Minimalgepäck empfehlen, da hier fast nur Nachteile auftreten: Auf längeren Strecken ergeben sich muskuläre Verspannungen durch das Gewicht und Sie schwitzen am Rücken viel stärker als ohne Rucksack. Rucksäcke lassen sich für lange Regenfahrten auch nicht vollkommen wasserdicht verpacken. Durch das dauernde Scheuern der Gurte und Riemen habe ich mir übrigens schon einige Radtrikots mit einem Rucksack beschädigt.

Werkzeug und Ersatzteile

Ganz ohne Ersatzteile und Werkzeuge sollten Sie auch mit einem gut gewarteten Fahrrad nicht auf Tour gehen. Als Ausstattung für eine längere Radreise haben sich je nach Fahrradtyp folgende Teile bewährt: Je sechs Ersatzspeichen mit Nippeln für Vorderrad und jede Hinterradseite (bis zu drei verschiedene Längen!), ein Nippelspanner, ein Faltreifen, ein Ersatzschlauch, Flickzeug, drei Reifenheber, je ein Innensechskantschlüssel SW 3, 4, 5 und 6, Torx-Schlüssel für entsprechende Schrauben, breites Gewebeklebeband, eine kleine Rohrzange, zehn lange und mittelbreite Kabelbinder, Zahnkranzabzieher in Kompaktausführung, zwei Kettennieten bzw. ein Kettenschloss, je ein Maulschlüssel SW 8 und SW 10 für Bremsschuhe und Schutzblechschrauben, ein Bremszug, ein Schaltzug, Konusschlüssel für Vorder- und Hinterrad, ein kleiner Schlitzschraubendreher, Kettennietdrücker, Ersatzschaltauge, Kettenöl, eine Sattelstützen-Klemmschraube, vier Bremsgummis, Luftpumpe und einige Ersatzschrauben und -muttern in verschiedenen Längen.

Die Teile sind in einem selbst genähten Täschchen, das sie immer aufgeräumt und klapperfrei bereithält, gut aufgehoben. Herkömmliche Werkzeugtaschen unter dem Sattel sind zu klein, diebstahlgefährdet und klappern zu stark. In die Werkzeugtasche gehören auf jeden Fall noch eine Kopie der Einstellanleitung für die Schaltung und einige Einmalhandschuhe!

Die immer wieder propagierten Lüsterklemmen zur Reparatur von Bowdenzügen sollten Sie auf keinen Fall mit auf die Reise nehmen. Die provisorische Klemmung ist zu schwach, um die auftretenden Zugkräfte der Bremse aufzunehmen. Ein plötzliches Versagen dieses Provisoriums kann schlimme Folgen haben!

Eine selbst genähte Werkzeugtasche hält unterwegs Ordnung

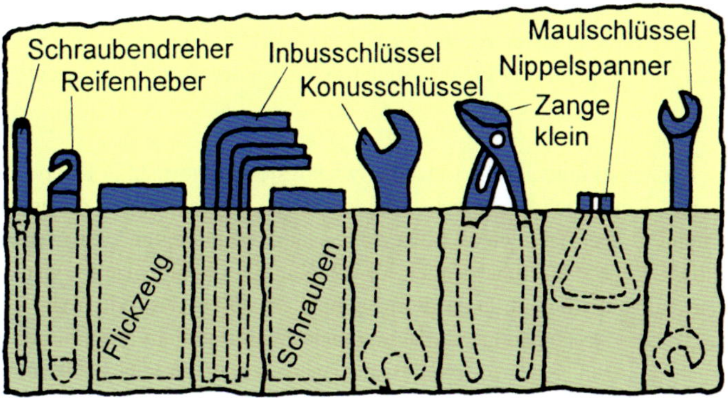

Zelt

Zelten ist nach wie vor eine besonders unkomplizierte und naturnahe Übernachtungsmöglichkeit. Aufgrund der geringen Stellgebühren im Vergleich zu Hotels oder Pensionen macht sich die hierfür benötigte Ausrüstung auch beim Kauf eines hochwertigen Zelts und weiterer notwendiger Teile schnell bezahlt.

Für den Transport auf dem Fahrrad eignen sich am besten leichte Expeditionszelte, die zusammengepackt mit kleinen Abmessungen aufwarten. Mit steigendem Preis verbessert sich vor allem die Wasserdichtheit, die Materialqualität der Zeltstangen und die Qualität der Reißverschlüsse. Zusätzlich zur längeren Lebensdauer bei guten Zelten reduziert sich das Gewicht bei Expeditionszelten spürbar. Unabhängig von der Bauform besteht das Zelt auf jeden Fall aus Innen- und Außenteil, weist einen besonders wasserdichten Boden auf und hat mindestens eine große Apsis, unter die alle Packtaschen passen (☞ Skizze S. 65).

☺ Es ist von Vorteil, bereits im Geschäft das Zelt komplett aufzubauen und dabei an das zu verstauende Gepäck zu denken. Viele Ausrüstungsläden haben auch Fahrradtaschen im Angebot, die Sie dann einfach ins Zelt stellen können, um sich eine Vorstellung vom Platzbedarf zu machen. Kriechen Sie in das Zelt hinein und wieder heraus und stellen Sie sich dabei vor, es wäre schlechtes Wetter, Sie hätten nasse Kleidung an und der Boden wäre matschig. Dies erleichtert Ihnen sicherlich die Auswahl des richtigen Zeltes.

Prinzipiell unterscheidet man die wichtigsten Bauformen in Kuppelzelte und Tunnelzelte. Firstzelte waren nahezu ausgestorben, inzwischen scheint es aber bei leichten Einpersonenzelten wieder einen kleinen Trend zurück zu geben. Ich habe mich für den Kauf eines Kuppelzelts entschieden und es nie bereut. Diese Form ermöglicht durch zwei oder mehr sich kreuzende Gestängebögen eine optimale Windstabilität mit minimalen Abspannungen. Einige Modelle sind auch noch bei wenig Wind selbststehend ohne Heringe, was bei sehr steinigen Böden ideal ist. Bei leichtem Wind genügen schon vier bis sechs Heringe, um das Zelt zu sichern. Nur bei Sturm müssen Sie sorgfältig abspannen, um das Zelt vor Beschädigungen zu schützen und Flattergeräusche zu reduzieren.

Empfehlenswerte Kuppelzelte für zwei Personen (☞ Skizze rechts) haben zwei gegenüberliegende seitliche Ausgänge. So kann jeder auf „seiner“ Seite aussteigen, ohne jedes Mal über den anderen klettern zu müssen, was nicht nur bei Nacht von Vorteil ist. Außerdem hat jeder Partner „sein“ Gepäck stets griffbereit. Auch können Sie so im Schutze einer offenen Apsis am Zelt kochen und gleichzeitig auf der anderen Seite das Zelt verlassen. Bei Sturm und Regen liegt außerdem immer ein Eingang auf der windabgewandten Seite, den Sie nutzen können, sodass aufgewirbelter Staub oder Regen ihren Weg nicht so leicht ins geöffnete Zelt finden.

Ein Tunnelzelt dagegen muss immer sorgfältig abgespannt werden, damit es sicher steht und dem Wind trotzen kann. Das kann insbesondere auf lockerem Sand oder hartem, felsigem Boden zum Problem werden. Ein weiterer wichtiger Unterschied zwischen Tunnel- und Kuppelzelten ist die Auswahl der Liegeposition beim Aufstellen. Tunnelzelte benötigen mit

Abspannung fast die doppelte freie Bodenlänge wie Kuppelzelte und sind nur unwesentlich schmaler. Ist nur wenig Platz zum Aufstellen vorhanden, passiert es dadurch nicht selten, dass Sie mit einer schiefen oder anderen schlafraubenden Liegeposition vorliebnehmen müssen. Das Kuppelzelt drehen Sie einfach so lange, bis die beste Position erreicht ist. Wer schon einmal bei matschigem Boden mehr oder weniger kriechend in sein Tunnelzelt musste, weiß auch den sehr einfachen Einstieg in ein Kuppelzelt zu schätzen.

Um den dünnen Boden des Innenzelts vor Verschmutzung und vor Beschädigungen durch spitze Steine oder andere Gegenstände zu schützen, ist eine Zeltunterlage unverzichtbar. Unterlagen werden von einigen Zeltherstellern passend zum Zelt angeboten. An die Zeltunterlage sollten Sie entsprechende Dreiecke für die Apsiden annähen oder ankleben, sofern diese nicht vorhanden sind. So steht auch die Ausrüstung bei nassem Untergrund nicht im Schmutz. Als Notbehelf, zum Beispiel bei einem unterwegs undicht gewordenen Zeltboden, genügt auch ein großer Müllbeutel oder eine Kunststoffplane.

Ein Kuppelzelt hat den idealen Grundriss für eine Radreise

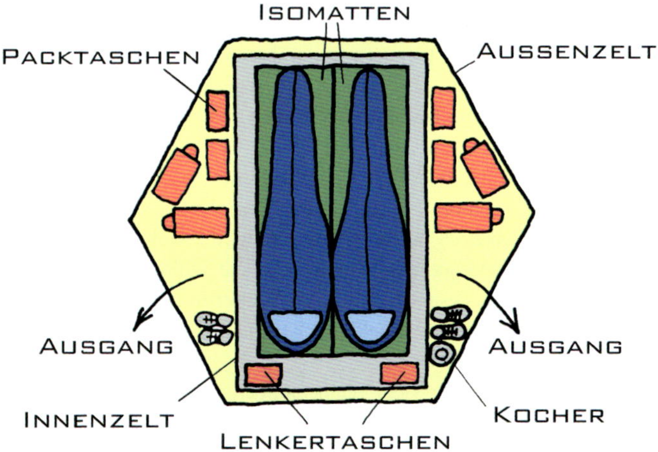

☺ Die preiswerteste haltbare Zeltunterlage ist eine selbst zurechtgeschnittene, mitteldicke Tapezierplane aus dem Baumarkt, die im Gegensatz zu manchen speziellen Zeltschutzfolien nicht raschelt und nach dem Urlaub einfach entsorgt werden kann. So eine Zeltunterlage kann auch zusätzlich zu den teuren Originalunterlagen einiger Zelthersteller genutzt werden, um diese vor Verschmutzung und Schäden zu schützen.

Vorsicht vor selbst zugeschnittenen weichen PVC-Folien als Zeltunterlage! Dieses Material löst nach meiner eigenen schmerzlichen Erfahrung durch den entweichenden Weichmacher die Bodenbeschichtung von Zeltböden ab!

Schlafsack und Matratze

Beim Kauf des Schlafsacks werden Sie sich grundsätzlich zwischen einer Füllung mit Daunen oder Kunstfasern entscheiden müssen. Der Vorteil von Kunstfasern liegt in der geringen Feuchtigkeitsaufnahme, was den Einsatz in Gebieten mit sehr hoher Luftfeuchtigkeit ermöglicht oder für nachts stark schwitzende Radler von Vorteil ist. Daunen sind empfindlicher gegenüber Nässe, haben aber ansonsten bessere Isolationseigenschaften und ein deutlich geringeres Packmaß. Außerdem schmiegen sich Daunensäcke gut an die Körperkonturen an, während Kunstfaserfüllungen ein wenig steifer erscheinen. Ich benutze seit Beginn an auf meinen Reisen ausschließlich Daunenschlafsäcke und hatte bisher keinerlei Probleme damit.

Ein Schlafsackinnenfutter aus Baumwolle saugt sich mit Feuchtigkeit voll und trocknet schlecht. Daher ist hier unbedingt eine Kunstfaser zu bevorzugen. Als Material für die Außenseite wird von einigen Firmen ein wasserabweisendes Gewebe verwendet, das die Füllung vor Nässe von außen schützt. Das ist besonders für große Menschen interessant, bei denen das Kopf- und das Fußteil des Schlafsacks regelmäßig die Innenseite eines nassen Zeltes berühren.

Schlafsäcke gibt es für viele Temperaturbereiche. Frauen sollten einen etwas wärmeren Schlafsack als Männer wählen, da sie oft schneller frieren. Wichtig zu wissen: Im Zelt ist es bei Kälte, je nach Zeltgröße, Wind und

Abstand der Zeltwände zum Boden, etwas wärmer als draußen. Wir haben an unserem kleinen Kuppelzelt bei Windstille Temperaturunterschiede von bis zu 5 Grad gemessen. Wer häufig zu unterschiedlichen Jahreszeiten zeltet, ist mit zwei Schlafsäcken am besten bedient: einer für Reisen mit frostigen Nächten und ein leichtes Modell für Reisen in der wärmeren Jahreszeit.

Für sehr kalte Nächte ist ein Mumienschlafsack mit integrierter Kapuze Pflicht. Nur wenn der Kopf warm bleibt, lassen sich kühle Temperaturen ohne Frieren ertragen. Die rechteckig geschnittenen Deckenschlafsäcke ohne Kapuze eignen sich mehr für laue Nächte, da sie nicht der Körperform angepasst sind und somit zu viel Luft erwärmt werden muss. Außerdem haben sie für eine Radwanderung oftmals ein nicht akzeptables Packmaß.

☺ Um den Schlafsack vor Verschmutzung zu schützen oder um die Wärmeleistung geringfügig zu verbessern, können Sie spezielle Inletts einlegen, die am besten aus Seide oder aus Microfleece gefertigt sind. Baumwolle saugt sich auch hier mit Feuchtigkeit voll und trocknet schlecht. Dasselbe gilt für den Schlafanzug. Ich nutze daher im Schlafsack bei kühlen Temperaturen lange, dünne Skiunterwäsche aus Funktionsmaterial.

Unter jeden Schlafsack gehört eine Matte. Geringe Bodenunebenheiten werden damit ausgeglichen und der tagsüber geschundene Körper liegt ein wenig weicher. Der wichtigere Punkt ist aber die Isolierung gegen Bodenkälte. Da der Schlafsack zwischen Körper und Liegefläche platt gedrückt wird und dort kaum wärmende Eigenschaften aufweist, kommt der isolierenden Wirkung der Matte eine besondere Bedeutung zu.

Leichte und preiswerte Luftmatratzen aus dünnem Kunststoff weisen zwar annehmbare Liegeeigenschaften auf, isolieren aber nicht gegen die Bodenkälte. Billige Modelle aus schwerem Gummi verbieten sich außerdem aus Platz- und Gewichtsgründen. Preiswerte Schaummatten sind da schon besser. Sie warten mit guten Isoliereigenschaften auf, sind aber im Liegekomfort nur zweite Wahl, da sich der Schaum unter dem Körpergewicht stark zusammendrückt.

Das Optimum stellen die sich (mehr oder weniger) selbst mit Luft füllenden Matratzen dar, eine Kombination aus Luftmatratze und Schaummatte.

Hier ist guter Liegekomfort mit hervorragenden Isolationswerten gekoppelt. Nach dem Ausrollen der Matratze und dem Öffnen des Ventils dehnt sich der innen liegende Schaum aus und saugt so Luft in die Matratze. Nach einiger Zeit müssen Sie dann nur noch ein wenig Luft nachblasen, um die gewünschte Liegehärte zu erzielen.

☺ Um die Matte im Kopfbereich vor Verschmutzung zu schützen, können Sie einem alten T-Shirt die Ärmel abschneiden, es auf die passende Breite abnähen und dann über das Kopfteil der Matratze ziehen. Außerdem fixiert dieser Schutzüberzug in der Nacht auch ein kleines darunter geschobenes Kopfkissen oder die aus einem Pulli geformte Kopfrolle, die sonst auf der glatten Matte leicht wegrutschen.

Küchenutensilien

Ich bin seit vielen Jahren sehr zufrieden mit einem kleinen Gaskocher, der zur Brennstoffversorgung eine Kartusche benötigt. Diese sind mit verschiedenen Füllmengen verfügbar. Für nicht passende Kartuschen sind Adapter erhältlich, sodass die Auswahl auf der Reise größer wird. Diese Brenngasbehälter sind nach Herstellerangaben in vielen Ländern der Erde erhältlich, was wir nach etlichen Fernreisen bestätigen können. Gas ist in der Handhabung im Vergleich zu anderen Brennstoffen vorteilhaft. Es verbrennt sauber, geruchlos und rußt nicht. So kann mit entsprechender Vorsicht vor dem geöffneten Vorzelt gekocht werden. Im Gegensatz zu einem Benzinkocher ist in der Startphase bei richtiger Nutzung nicht mit größeren Stichflammen zu rechnen. Das beeinflusst die Sicherheit beim Kochen am Zelt positiv. Bei Gaskochern ist jedoch unbedingt darauf zu achten, dass die Kartusche nicht umkippen kann. In diesem Fall gelangt der Brennstoff in noch flüssigem Zustand in die Brenndüse, was zu eindrucksvollen Flammen führen kann. Daher ist unabhängig vom Kochertyp zu beachten, dass die meisten Zeltstoffe leicht entzündbar sind und daher niemals im Zelt gekocht werden darf!

In einigen Ländern sind Waschbenzin oder Spiritus als Brennstoff schlecht erhältlich oder sehr teuer, was ebenfalls für Gas spricht. Schließlich spricht auch das Nachfüllen dieser oft stark riechenden Brennstoffe nicht für die Verwendung von derartigen Kochern. Im Falle des fast unvermeidlichen Verschüttens riechen mit Benzin benetzte Teile noch tagelang penetrant. Die etwas geringere Leistungsfähigkeit von Gaskochern, besonders bei Kälte und bei zur Neige gehendem Brennstoffvorrat, tritt nach meiner Auffassung durch die vielen anderen Vorteile bei der Mehrzahl der Radreisen – außer auf Extremreisen – in den Hintergrund.

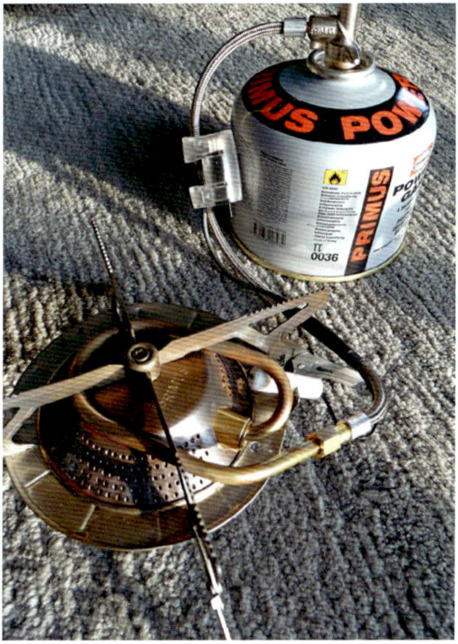

Moderner Gaskocher mit Schraubkartusche

Nahezu alle Kochertypen müssen Sie für kürzere Garzeiten vor Wind und Wärmeverlusten schützen. Hierzu eignet sich gut eine dicke Aluminiumfolie aus dem Zubehörhandel, die Sie bedarfsgerecht zurechtbiegen. Kochbehälter aus dünnem Aluminium haben Gewichtsvorteile gegenüber schweren Stahltöpfen. Auf das Mitnehmen einer Pfanne verzichte ich. Für das Zubereiten von Fleisch führe ich bei Bedarf nur den Stahlrost eines kompakten Wegwerfgrills mit. Sogar die Suppenteller habe ich mir gespart. Nachdem es mit Tellern einige Mal ein mehr oder weniger großes Malheur im Zelt gegeben hat, esse ich Suppe oder ähnliches entweder direkt aus den kleinen Töpfen unseres Kochsystems oder aus einer großen Edelstahltasse. Diese ist zwar ein wenig schwerer als eine Plastiktasse, dafür aber unverwüstlich und hält ein ganzes Leben. Wer mit zwei oder mehr Personen reist, achtet auf Tassenmodelle, die ineinander stapelbar sind und somit weniger Platzbedarf aufweisen.

Als Besteck haben die früher beliebten, aber schweren Stahlmodelle der Bundeswehr ausgedient. Besser sind ultraleichte und haltbare Bestecke aus

Kunststoff oder Titan, die es zudem in zusammenklappbaren Kompaktausführungen gibt. Zusätzlich ist ein scharfes Klappmesser hilfreich. Wer darauf achtet, dass das Messer nicht zu spitz zuläuft, kann damit auch Marmelade oder Honig aus einem fast leeren Glas entnehmen. Ideal sind die schnitthaltigen Schweizer Messer mit sehr glatter Schneide. Aus Gewichtsgründen sollten Sie sich beim Funktionsumfang dieser Messer zurückhalten. In der Regel genügen neben dem Messer eine Schere und ein Dosen-/Flaschenöffner vollkommen.

Zur eigenen Sicherheit bei der Nutzung ist ein Klappmesser mit selbstarretierender Klinge von Vorteil. Vor dem Kauf ist jedoch ein Blick in die gesetzlichen Bestimmungen des Reiseziels notwendig. Es ist unbedingt zu prüfen, ob das Messer aufgrund der Klingenlänge oder der Feststelleinrichtung dort als Waffe eingestuft und vielleicht sogar verboten ist!

Auf Gewürze verzichten wir in keinem Urlaub. Damit sie keine Feuchtigkeit annehmen und streufähig bleiben, füllen wir sie in kleine, dichte Kunststofffläschchen ab. Billige Multispender mit mehreren Gewürzen sind oft nicht richtig dicht und die Gewürze vermischen sich leicht untereinander. Als Spülmittel genügt ein Minifläschchen mit Konzentrat, das oft als Werbepräsent in Supermärkten verteilt wird und nachfüllbar ist. Kaffee und Milchpulver bleiben in kleinen, leichten Weithalsbehältern aus unzerbrechlichem Kunststoff stets trocken.

Kleidung

Anders als der Gelegenheitsfahrer sitzen Sie auf Radreisen tage- oder wochenlang viele Stunden im Sattel und kommen auf manchen Strecken, nicht zuletzt aufgrund des schweren Gepäcks, ganz schön ins Schwitzen. Um nasse Haut und entstehenden Geruch möglichst zu vermeiden, haben die Bekleidungshersteller spezielle Stoffe für Unterwäsche, Trikots, Pullover und Jacken entwickelt, die in mehreren Schichten nach dem Zwiebelprinzip ideal aufeinander abgestimmt werden können.

Diese sogenannten Funktionsstoffe haben die positive Eigenschaft, den Schweiß von der Haut zu den nächsten Bekleidungsschichten zu transportieren, wo er dann besser abtrocknen kann. Dabei handelt es sich um Kunstfasern, die selbst wenig Feuchtigkeit aufnehmen, diese nach außen ableiten und außerdem, was sehr wichtig ist, ungewöhnlich schnell trocknen. Baumwolle ist nicht geeignet. Sie saugt den Schweiß stark auf, klebt am Körper und fühlt sich dann nass an. Baumwolle trocknet außerdem nur langsam und kühlt den Körper beim Trocknen aus, sodass Sie auch bei warmen Temperaturen insbesondere bei längeren Abfahrten leicht frieren.

Zur Reduzierung des Umfangs mitzunehmender Oberbekleidung sollten die einzelnen Teile funktionell aufeinander abgestimmt sein. Neben einigen Sportunterhemden und T-Shirts aus Funktionsstoffen bietet sich ein dünner Fleecepullover an. Diese Kleidungsstücke sind sehr leicht und tragen auch unter Regenbekleidung nicht auf. An nicht ganz so warmen Tagen ziehen Sie eine Jacke mit länger geschnittenem Rückenteil über das T-Shirt. Wenn diese dann noch abzippbare Ärmel aufweist, wird sie zum universellen Kleidungsstück der Ausrüstung. So können Sie die Jacke individuell der Temperatur anpassen und als Weste nutzen. Modelle mit Raglanschnitt sind weniger optimal, da hier nach dem Abzippen der Ärmel ein kurzes Ärmelstück an der Jacke verbleibt, das schnell unter den Achseln riecht. Die Jacke sollte unbedingt aus windundurchlässigem Material bestehen und trotzdem sehr atmungsaktiv sein. Wir haben sehr gute Erfahrungen mit einer sogenannten Windstopper-Jacke von Gore (☞ Weblinks) gemacht, die uns schon seit vielen Jahren auf jeder Reise kleidet. Optisch zwar nicht mehr ganz so ansprechend wie im Neuzustand ist die Jacke ansonsten immer noch in Ordnung, was den hohen Kaufpreis über die Zeit gesehen relativiert. Wenn es kühler wird, ziehen wir einen dünnen, langärmeligen Fleecepulli zusätzlich unter der Jacke an. Dieser Pulli sollte unter den Achseln weit geschnitten sein, damit er nicht kneift. Mit der vorgenannten Kombination aus Unterhemd, T-Shirt, dünnem Fleecepulli und Windjacke sind Sie für Temperaturen bis nahe an den Gefrierpunkt gut gewappnet. Zusätzlich leistet bei Kälte eine eng sitzende, elastische Fleecehose wertvolle Dienste. Mit einer Trekkinghose oder gar einer Jeans werden Sie auf dem Fahrrad auf Dauer nicht glücklich. Nicht elastisch genug und mit vielen dicken Nähten versehen werden diese auf langen Etappen zur Qual.

☺ Wenn es sehr kalt wird, können Sie zur Not zusätzlich die komplette Regenkleidung überziehen, was einige Grad Temperaturgewinn bringt.

Jeder, der einmal eine am Gesäß gepolsterte Fahrradhose getragen hat, fährt nie mehr ohne! Bequem und ohne drückende Nähte gehört sie auf einer Radreise unbedingt ins Gepäck. Die gepolsterten Einsätze bestehen fast ausschließlich aus schnell trocknender, antibakterieller Kunstfaser. Auch einzeln ohne Hose oder als gepolsterte Unterhose erhältlich können Sie damit sogar Ihre Lieblingshose ausstaffieren. Die elastischen, eng anliegenden Radhosen werden ohne Unterwäsche direkt auf der Haut getragen, damit nichts scheuert und keine Druckstellen entstehen. Auf den Kauf von Radhosen mit fest angenähten Trägern verzichtet man gerne, wenn man schon einmal dringend „in die Büsche“ musste, um dann zuerst das Radhemd ausziehen zu müssen, bevor man die Träger ablegen konnte.

Bei Regen hängt die Qualität des Schutzes ausschließlich von der Größe des Portemonnaies ab. Die preiswerteste Möglichkeit scheidet meiner Meinung nach aus: Der unter Alltagsradlern weit verbreitete Poncho hat sich auf meinen ersten Reisen in keiner Weise bewährt. Das liegt zum einen am nicht atmungsaktiven Gewebe, das schon nach kurzer Zeit, trotz scheinbar guter Belüftung, zwar nicht den Bauch, aber den Rücken schweißnass werden lässt. Der wesentlich wichtigere Punkt ist aber der Umstand, dass ein Poncho bei Wind wie ein großes Segel wirkt. Nicht nur auf stark befahrenen Straßen kann ein durch eine Windböe verursachter Schlenker schlimme Folgen haben. Bei überholenden Lkw oder sehr starken Böen ist mir darüber hinaus mehr als einmal das Rückenteil über den Kopf geweht worden, was zu unangenehmen Situationen führte.

Die beste Lösung ist nach meiner Erfahrung der zweiteilige atmungsaktive Regenanzug. Aus Platz- und Gewichtsgründen ist dieser möglichst dünn und leicht zu wählen. Achten Sie besonders auf lange, schräg angeschnittene Hosenbeine, die im Knöchelbereich durch Druckknöpfe, Klettband oder Reißverschlüsse eng angelegt werden können. Bei teuren Modellen sind die Kniebereiche sogar elastisch ausgeführt, was von großem Vorteil ist. Reißverschlüsse an beiden Hosenbeinen erleichtern das Ankleiden bei verschmutzten Schuhen. Die Jacke ist mit langen Ärmeln und langem, einklappbarem Rückenteil sowie abgedeckten Taschen und wasserdichten Reißverschlüssen optimal ausgestattet. Die Kapuze ist idealerweise über einen Gummizug oder ein Klettband am Hinterkopf so zu verstellen, dass sie sich bei Kopfbewegungen nicht vor die Augen und somit in das Blickfeld schiebt. Bei einigen Modellen ist die Kapuze so groß, dass der Helm nicht abgesetzt werden muss. Ansonsten müssen Sie den Helm auf die Kapuze setzen, was zu einem Wärmestau führt. Bei Bedarf sollte die Kapuze im Kragen verstaubar, besser jedoch abtrennbar sein, damit sie den Kragen nicht zu stark einengt.

☺ Schirmmützen sind auch für Radwanderer nützliche Ausrüstungsteile, um die Augen und das Gesicht vor Sonneneinstrahlung zu schützen. Unter der Kapuze der Regenjacke getragen, halten die Mützenschirme auch bei schneller Fahrt die Regentropfen von Gesicht und Brille fern und die Kapuze auch beim Blick zur Seite dort, wo sie sitzen soll. Bei leichtem Nieselregen empfinde ich es jedoch angenehmer, ohne Regenkapuze oder Schirmmütze zu fahren. Dann nutze ich nur eine hauchdünne Duschhaube, wie sie in vielen Hotels verfügbar ist, die ich über den Helm ziehe. Damit bleibt eine gewisse Restbelüftung des Kopfes erhalten und Sie schwitzen weniger als mit einer Kapuze.

Die besten Erfahrungen habe ich mit Produkten gemacht, die mit einer dünnen und leichten Gore-Membran ausgerüstet sind. Mit diesen hoch atmungsaktiven Kleidungsstücken sind wir schon stundenlang im Regen geradelt, ohne nass zu werden oder außergewöhnlich zu schwitzen. Preiswertere Produkte mit anderen Membranen sind zwar auch regendicht, doch fast nie so atmungsaktiv, was durch den Saunaeffekt schnell für Nässe „von innen“ sorgt. Trotz aller Versprechen der Werbung muss man jedoch wissen, dass auch die beste Funktionsbekleidung keine Wunder vollbringen kann. Wenn der Körper auch ohne Jacke schwitzen würde, dann haben Sie natürlich auch in der besten Jacke ein klammes Gefühl. Das gilt insbesondere bei warmen Temperaturen oder hoher Luftfeuchtigkeit. Dann funktioniert eine Membran nur sehr eingeschränkt.

Zum Schutz der Schuhe sind knöchel- bis wadenlange Gamaschen im Handel verfügbar, die mit Klettband fixiert werden und deren wasserdichtes Material kein Wasser von außen an die Schuhe lässt. Bei längerem

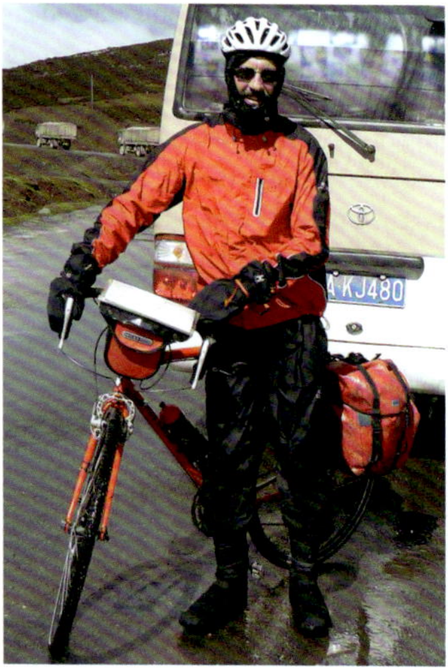

So ausgerüstet hat mir in Tibet auch Starkregen bei nur 1° C nichts anhaben können

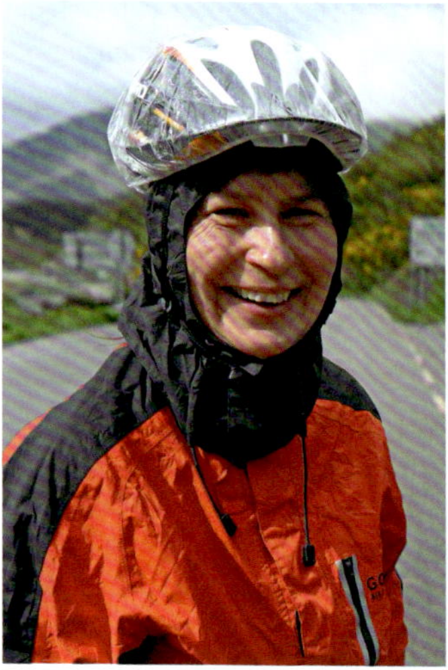

Die Duschhaube schützt die Polsterung des Helms vor Nässe und reicht bei leichtem Regen auch alleine aus

Tragen werden die Füße jedoch unter dieser dichten Verpackung auch bei kühler Witterung durch den Körperschweiß feucht. Daher sollten Sie für längere Regenfahrten besser Gamaschen aus Gore-Tex oder ähnlichem Material kaufen. Für die kalte Jahreszeit gibt es wasserdichte Gamaschen auch in wattierter Ausführung.

Im Frühling und Herbst sollten auf keiner Radwanderung warme Handschuhe fehlen. Bei Regenfahrten sind wasserdichte Fahrradhandschuhe aus meiner Sicht ungeeignet. Diese sind oft nicht dauerhaft dicht, nicht ausreichend atmungsaktiv, bei Kälte nicht warm genug und dagegen schon bei gemäßigten Temperaturen viel zu warm. Lederhandschuhe saugen sich bei Nässe mit Wasser voll und trocknen dann sehr schlecht, was sie ebenfalls zur zweiten Wahl werden lässt.

Ich empfehle für kühle Temperaturen Modelle aus atmungsaktivem Fleece, da die Hände in ihnen nicht so schnell schwitzen. Bei wärmeren

Temperaturen empfehlen sich sogenannte Radfahrerhandschuhe, die an der Innenseite gepolstert sind und so bei einem Sturz einen guten Schutz vor Abschürfungen und zu starker Sonneneinstrahlung auf den Handrücken bieten. Bei längeren Touren stören sich einige Radler aber an den partiell braun gebrannten Fingern und hell bleibenden Handrücken. Außerdem kann die Polsterung bei leichten Fällen von tauben Fingern helfen.

☺ Wir haben gute Erfahrungen mit folgender Kombination gemacht: Fleecehandschuhe gegen Kälte und bei längerem Regen dünne Gore-Tex-Fäustlinge. Wenn es regnet und dabei noch kalt ist, oder um bei großer Kälte den Fahrtwind abzuhalten, tragen wir als erste Schicht die Fleecehandschuhe und darüber dann die wasserdichten Fäustlinge.

Der Fahrradhelm ist die Lebensversicherung für den Radler. Ein Helm schützt nicht nur vor den Folgen eines Sturzes, sondern im Sommer den Kopf auch vor heißer Sonne. Große Schlitze lassen auch auf anstrengenden Strecken genügend Luft an den Kopf. Männern mit reduziertem Haupthaar ist die Nutzung einer Sonnencreme mit hohem Lichtschutzfaktor anzuraten, sonst sieht man nach einigen Tagen braune Flecken auf der Stirn! Der Helm sitzt optimal, wenn er nicht drückt, aber auch nicht verrutscht. Gut zur Anpassung ist eine leicht bedienbare Verstellung am Hinterkopf über eine feine Rasterung oder Stellschraube. Der Kinnriemen sollte ebenfalls einfach verstellbar sein, da sich durch Schweiß oder Regen feucht gewordene Riemen bei etlichen Helmen spürbar längen. Wenn es auch in kältere Regionen gehen soll, muss auf jeden Fall eine spezielle dünne Fleecemütze als Kälteschutz unter den Helm passen, die im Idealfall auch die Ohren schützt. Auf einen Schirm am Helm verzichte ich, da er das Gesichtsfeld einschränkt, was mir auf Dauer unangenehm ist. Jedoch schützt ein Schirm das Gesicht vor Sonneneinstrahlung.

Das Tragen einer Radbrille ist auf keinen Fall nur modischer Schnickschnack. Auch wenn die Sonne nicht scheint, erfüllt die Brille eine Schutzfunktion für die Augen, und wem schon einmal bei hohem Tempo ein Tierchen ins Auge geflogen ist, der weiß, was ich meine. Gerade im Frühjahr und Sommer wimmelt es nur so von kleinen Plagegeistern, sodass ohne Brille eine schmerzhafte Zwangspause nur eine Frage der Zeit ist. Es muss wohl nicht extra darauf hingewiesen werden, dass zum Schutz vor schädlichen Strahlen nur eine erstklassige Brille ausgewählt werden sollte. Ideal auf einer Radreise sind selbsttönende Modelle, die im Schatten oder der Dämmerung die Abdunklung zurücknehmen. Um die Augen vor Zugluft zu schützen, sind Sportbrillen am Nasensteg geschlossen ausgeführt.

Im Falle von Verlust oder Beschädigung ist es nützlich, eine Ersatzbrille im Gepäck zu haben. Für Fehlsichtige gibt es Sportbrillen im Handel, hinter denen sich eine passende Korrekturoptik verbirgt. Hier schlagen durch den geringen Abstand zum Auge aber oft die Wimpern an, was unangenehm sein kann.

Bei den Fahrradschuhen für die Radreise ist auf eine möglichst feste Sohle und einen bequemen, aber nicht zu lockeren Sitz zu achten. Je nach Tourencharakteristik kommen dabei neben derben Straßenschuhen, Turnschuhen und leichten Wanderstiefeln insbesondere spezielle Fahrradschuhe in Frage. Fahrradschuhe sind oft aus synthetischem Material, das auch mal durchnässt werden darf. Außerdem ist die Sohle von Fahrradschuhen sehr steif, was besonders auf längeren Strecken angenehm ist. Schließlich weisen die meisten Modelle eine kräftige ergonomische Sohle auf, die ein relativ angenehmes Laufen ermöglicht. Viele Fahrradschuhe sind so ausgeführt, dass Adapter für Klickpedale in der Sohle versenkbar sind. So können Sie auch mit montiertem Adapter normal laufen. Aufpassen müssen Sie damit aber beim Tritt auf erhaben stehende glatte Stellen wie Steine. Wenn Sie hier mit dem Adapter auftreten, können Sie leicht ausrutschen. Die Pedaladapter an den Schuhen sollten auf jeden Fall eine geringe seitliche Drehung des Schuhs im Pedal ermöglichen. Adapter, die dem Schuh keinen seitlichen Bewegungsspielraum lassen, führen häufig zu Knieproblemen.

☺ In die Schuhe eingelegte Aktivkohlesohlen schützen lange vor unangenehmen Gerüchen. Schuhe mit Klettriemen anstelle von Schnürsenkeln sind schneller an- und auszuziehen. Damit sich zu lange Schnürsenkel an den Schuhen nicht im Kettenblatt verheddern, schneiden Sie sie einfach kurz ab und verwenden für die Fixierung kleine Tankas statt einer Schleife.

Socken aus Funktionsfasern riechen nicht so schnell wie Baumwollsocken und sind nach dem Waschen schneller wieder trocken. Auf keiner Reise fehlen in meinem Gepäck Badelatschen für die Dusche. Um nicht schwere und sperrige „Adiletten" oder ähnliche Modelle mitnehmen zu müssen, habe ich dünne Flip-Flops dabei, die vor unangenehmem Bodenkontakt in Sanitärzellen schützen.

Fotoausrüstung

Der Fotoapparat ist für die meisten Radreisenden ein unverzichtbarer Bestandteil der Ausrüstung. Hier stellt sich vielen die Frage, welches System und welche Qualität für eine Radreise sinnvoll sind. Dabei ist neben der persönlichen Liquidität entscheidend, zu welchem Zweck die Bilder geschossen werden. Ist für einfachste Erinnerungsbilder wohl keine teure Ausrüstung notwendig, ändert sich diese Betrachtungsweise, wenn die Bilder Grundlage für private Shows mit Projektoren, für Bücher und Magazinartikel oder gar für öffentliche Reisevorträge werden sollen. Viele Radfahrer bewegen sich dabei gedanklich im Spannungsfeld zwischen einfacher Kamera und Profiausrüstung. Trotz alledem sollten Sie aber nie vergessen, dass eine gute Kamera allein kein Garant für gute Bilder sein kann, sondern auch ein „Auge" für schöne Motive notwendig ist.

Wenn das Radfahren auf der Reise im Vordergrund steht und der Tagesablauf unterwegs nicht ausschließlich auf die Anfertigung von Profibildern ausgerichtet ist, lässt sich allgemein Folgendes sagen:

Auf der Radreise besteht nur eingeschränkter Stauraum und auch das Gewicht der Ausrüstung sollte möglichst gering sein. Daher scheidet eine umfangreiche Fototechnik mit viel Zubehör, wie z. B. Stativ, Blitzgeräte, mehrere (schwere) Wechselobjektive etc., in der Regel aus.

Die Fotoausrüstung sollte stets stoßgeschützt und griffbereit sein. Daher kommt vorrangig die Lenkertasche für die Unterbringung in Betracht. Auch das spricht für einen kleinen Umfang der Fototechnik. Eine schwere Fototasche am Lenker beeinträchtigt spürbar das Fahrverhalten des Fahrrades.

Die Ausrüstung sollte schnell einsatzbereit sein, um nicht auf Schnappschüsse verzichten zu müssen. Sinnvoll sind hierfür eine zusätzliche Automatikfunktion für Blende- und Belichtungszeit sowie ein Autofokus. Eine

Kamera mit dieser Ausstattung ist auch praktisch, wenn Sie mit mehreren Personen unterwegs sind und die anderen Radler nicht mit endlosen Einstellzeremonien zur Verzweiflung bringen möchten. Optimal ist es, wenn diese Automatikfunktionen abschaltbar sind. Dann steht auch der Anfertigung von Kreativbildern nichts im Weg.

Da sich der Radfahrer oft den idealen Standpunkt nicht aussuchen kann, ohne das Fahrrad allein stehen zu lassen, ist ein Zoomobjektiv für viele Fotografen zweckmäßig.

Unterwegs ist auf einer Radreise in der Regel immer mit Regenfällen zu rechnen. Daher ist darauf zu achten, dass die Kamera, besser jedoch die Aufbewahrungstasche wassergeschützt ist. Wasserdichte Überzieher sind auf einer Radreise nur zweite Wahl.

Unter der o. g. Voraussetzung, dass das Radfahren und nicht das Fotografieren die Hauptintention der Radreise ist, würde ich zu einer hochwertigen Kompaktkamera mit möglichst großem Sensor und mit einer lichtstarken Festbrennweite von ca. 28 mm oder 35 mm oder ausgehend von 28 mm zu einem 3- bis 4-fach-Zoom raten. Bei der Speicherkarte erachte ich die Mitnahme mehrerer „kleiner“ Karten für besser als wenige große Karten. Grund: Bei einem Defekt sind nicht alle Bilder futsch.

Langsam, aber sicher werden preiswerte Kompaktkameras von Smartphones verdrängt, deren Spitzenmodelle mittlerweile hervorragende Bildergebnisse produzieren. Kleinere Ausdrucke aus diesen technischen Wunderwerken lassen sich kaum noch von Bildern aus hochwertigen Kameras unterscheiden. Gegen Smartphones sprechen derzeit noch die eingeschränkten Brennweiten (insbesondere Telebrennweiten) und das deutlich sichtbare Rauschen bei dunklen Bedingungen, was durch den sehr kleinen Sensor bedingt ist. Auch ist bei Nutzung eines Smartphones für das Knipsen der Urlaubsbilder ein großer Speicher notwendig, der deutlich teurer ist, als zusätzliche SD-Speicherkarten für eine Kamera.

Reiseapotheke

Eine fertige Reiseapotheke können Sie in allen Größen und Varianten für teures Geld im Outdoorhandel oder in der Apotheke kaufen. Billiger und effektiver ist die eigene Zusammenstellung, angepasst an die persönlichen

Erfordernisse. Als Basis dienen Bestandteile eines Erste-Hilfe-Kastens für das Auto. Einige Kanülen und Einwegspritzen wird der Hausarzt normalerweise gegen eine kleine Spende für die Kaffeekasse herausgeben. Den Rest erhalten Sie beim Apotheker.

Der Inhalt einer individuellen Reiseapotheke besteht sinnvollerweise aus drei Teilen: Teil 1 enthält Mittel bei Verletzungen und Unfällen, Teil 2 Medikamente gegen Erkrankungen und Teil 3 besteht aus Medikamenten, die regelmäßig einzunehmen sind. Die nachfolgende Aufstellung zeigt meine Reiseapotheke, wie ich sie jeweils ans Reiseziel angepasst mitführe. Sie kann grundsätzlich als Anhaltspunkt für andere Radler dienen, sollte aber unbedingt vor Abreise mit dem eigenen Hausarzt durchgesprochen werden.

Die Grundausstattung der Reiseapotheke Teil 1 und Teil 2 nutze ich in Gegenden, die eine gute Abdeckung mit Krankenhäusern und Ärzten aufweisen, zum Beispiel in Mitteleuropa. Hier lässt sich unter normalen Umständen jederzeit kurzfristig ein notwendiges Medikament oder ein Arztbesuch organisieren. Die Zusatzausstattung packe ich für Fernreisen mit schlechter medizinischer Versorgung ergänzend mit ein. Für den Umfang der Reiseapotheke Teil 3 kann hier kein Hinweis gegeben werden, da dieser nur die individuell regelmäßig einzunehmenden Medikamente umfasst. Empfehlenswert ist hierfür eine Medikamentenmenge, die nicht genau auf die Reisedauer abgestimmt ist, sondern auch den Fall einer unvorhergesehenen Verlängerung der Reise, zum Beispiel durch Streiks, Krankheit oder Unfall, einschließt. Außerdem gehört Teil 3 der Reiseapotheke auf Flugreisen unbedingt ins Handgepäck, damit Sie bei einem Verlust des aufgegebenen Gepäcks nicht ohne wichtige Medikamente dastehen. Zielabhängig müssen hierbei unter Umständen besondere Zollbestimmungen beachtet und entsprechende Atteste mitgeführt werden.

Checkliste Reiseapotheke

Teil 1 – Grundausstattung:

- ▷ Pflaster verschiedener Größe
- ▷ Mull-, Elastikbinden
- ▷ Wundsalbe
- ▷ Mittel zur Wunddesinfektion

Teil 1 – Zusatz Fernreise:

- ▷ Einwegspritzen und -kanülen
- ▷ Kopie Impfbuch bzw. Impfliste

- ▷ Zeckenkarte oder -zange
- ▷ Zinksalbe
- ▷ Sportsalbe für Prellungen
- ▷ Rettungsdecke
- ▷ Heft- und Nahtpflaster
- ▷ Einmalhandschuhe
- ▷ Blasenpflaster
- ▷ Dreieckstuch
- ▷ sterile Kompressen
- ▷ scharfe Pinzette
- ▷ Skalpell
- ▷ Nadel, Wundfaden
- ▷ Wundklammertape

Teil 2 – Grundausstattung:

- ▷ Mückenschutz
- ▷ Mittel für Insektenstiche
- ▷ starkes Schmerzmittel
- ▷ Zahnschmerztabletten
- ▷ Durchfallmedikament
- ▷ Mittel gegen Übelkeit
- ▷ digitales Thermometer
- ▷ Kreislaufmittel
- ▷ Magentropfen

Teil 2 – Zusatz Fernreise:

- ▷ Hustenmittel
- ▷ Verstopfungsmittel
- ▷ Ohrentropfen
- ▷ Augentropfen
- ▷ Antibiotikum
- ▷ ORS-Elektrolytlösung
- ▷ Malariamedikament
- ▷ Zahn-Not-Pack
- ▷ Magenschoner für Schmerzmittel

Nach Zusammenstellung der Reiseapotheke und Abstimmung mit dem Hausarzt geben Sie alle Medikamente mit dem Produktnamen und dem Verfallsdatum auf dem PC in eine Liste ein. So haben Sie vor einer Reise schnell einen Überblick, bei welchen Mitteln das Verfallsdatum erreicht ist.

Sonstige Ausrüstung

Auf Campingplätzen und in Billigunterkünften ist an den Waschbecken oder in der Dusche oft keine Möglichkeit gegeben, eine **Kulturtasche** sauber abzustellen. So steht diese dann im Wasser oder auf dem möglicherweise schmutzigen Boden. Für diese Fälle ist eine aufhängbare Kulturtasche ideal. Mit dem großen, mitgelieferten Haken können Sie sie an Wandhaken, Lampenkabel, Abtrennungen, Türklinken oder sonst wo hinhängen und dann aufklappen. Da sich in der Regel unterwegs alles nachkaufen lässt, können Sie die Toilettenartikel auf Kleinpackungen beschränken. Platz und Gewicht spart außerdem eine flüssige **Waschlotion**. Damit können Sie die sperrige Seifendose, das Duschgel und das Haarshampoo zu Hause lassen und haben auch eine Notlösung für die gelegentliche kleine Wäsche und das Abspülen mit dabei. Ein kleiner **Waschlappen** ist dann hilfreich, wenn unterwegs nur Waschbecken oder ein Bach und keine Dusche zur Verfügung stehen. Der feuchte Lappen kann anschließend in einem Gefrierbeutel wasserdicht aufbewahrt werden.

☺ Auf Reiseetappen ohne gesicherte Wasserversorgung (zum Beispiel in der Wüste) ist zur Körperreinigung die Mitnahme von **Baby-Reinigungstüchern** ratsam. Diese feuchten Tücher ermöglichen eine rudimentäre Hygiene ohne Wasser.

Handtücher gibt es aus leichtem und schnell trocknendem Microfleece. Schlecht trocknende Baumwolle ist auch hier nicht empfehlenswert und riecht schnell streng. Handtücher in der Farbe der Gepäcktaschen fallen kaum auf, wenn Sie sie während der Fahrt gelegentlich auf den Gepäcktaschen trocknen.

Eine gute Lampe ist auf fast jeder Radreise sinnvoll. **Taschenlampen** haben den Nachteil, dass sie zwar weit leuchten, aber nur eingeschränkt nutzbar sind, wenn Sie die Hände freihaben möchten. Das gilt insbesondere für Reisen mit dem Zelt. Unschlagbar praktisch sind LED-**Stirnlampen**, die mittlerweile weit leuchten, für die Nutzung im Zelt gedimmt werden können und mit einem Batteriesatz oder einer Akkuladung sehr lange leuchten. Ausreichend sind Modelle mit einem im Lampengehäuse integrierten Batteriefach. Wenn Sie keine Beleuchtung am Fahrrad montiert haben, empfiehlt sich eine stärkere Lampe, die im Notfall auch die Fahrbahn vor dem Fahrrad ein wenig ausleuchten kann. Diese starken Lampen haben anders als die „normalen“ Stirnlampen meistens ein separates Batteriefach, das am Kopfriemen fixiert ist und so am Hinterkopf getragen wird.

☺ Auf Reisen in einsamen Gegenden sind einige Ersatzteile für die Ausrüstung wichtig: Ein **Ersatzventil** für die selbstaufblasende Matratze plus Reparaturflicken (im Handel ist ein Set erhältlich), ein kleines **Reservezipper**-Sortiment für Reißverschlüsse an Zelt und Kleidung, je eine **Ersatzschnalle** für die verschiedenen Packtaschen und ein **Ersatzsegment** oder eine **Reparaturhülse** für das Zeltgestänge (prüfen, ob unterschiedliche Segmentlängen notwendig sind!). Zur Reparatur von Kleidung sind etwas **Zwirn** und eine **Nähnadel** sinnvoll. Schließlich empfehle ich noch, eine sehr kleine Tube **Sekundenkleber** mitzuführen, die in den einschlägigen Ausrüstungsshops erhältlich ist.

Sehr nützlich auf Reisen mit dem Zelt ist ein stark saugendes „**Fensterleder**“ aus Mikrofaser, mit dem sich ein innen nasses Zelt am einfachsten vor dem Einrichten trocknen lässt. Das feuchte Tuch bewahren Sie am besten in einem Gefrierbeutel auf. Nach der Reise sind Sie gut beraten, das feuchte Tuch wieder aus dem Beutel zu nehmen und trocknen zu lassen, um unangenehme Gerüche und Schimmelbildung zu vermeiden.

Gewicht und Kosten

Die folgende Aufstellung führt nur Teile an, die speziell für einen Radurlaub benötigt werden. Die Kosten mögen auf den ersten Blick abschrecken. Aber keine Angst, Sie benötigen ja nicht alles auf einmal neu und können sich in vielen Fällen erst einmal mit anderen Sachen oder einer Ausleihe behelfen. Die Ausrüstung optimieren Sie dann mit jeder Reise. So sind einige Sachen, die uns zu Anfang als unbedingt notwendig erschienen, schon nach kurzer Zeit im Keller verschwunden (☞ Nach der Reise).

Ungefähre Kosten der Grundausstattung in €

Packtaschenpaar, wasserdicht, vorn	100	bis	150
Packtaschenpaar, wasserdicht, hinten	150	bis	200
Lenkertasche, wasserdicht	50	bis	150
kleines Werkzeugset	10	bis	50
Fahrradhelm	50	bis	250
Regenanzug und -gamaschen	200	bis	500
Fahrradschuhe	60	bis	150
zwei Fahrradhosen, kurz	100	bis	200

Windjacke	50	bis	200
Fleecepulli	30	bis	100
Fahrradhose, lang	50	bis	150
je drei T-Shirts und Unterhemden, Microfleece	100	bis	250
Kosten ohne Campingausrüstung	ca. 1.000	bis	2.300
leichtes Zelt	250	bis	1.000
Isoliermatte	50	bis	130
Schlafsack	100	bis	400
Kocher, Töpfe, Besteck	70	bis	200
Gesamtkosten mit Campingausrüstung	ca. 1.500	bis	4.000

Zum Gesamtgewicht der Ausrüstung kann man keine allgemein gültige Aussage treffen. Ich habe bei Reisen mit meiner Frau, unabhängig von der

Mein komplett beladenes Reiserad in Island

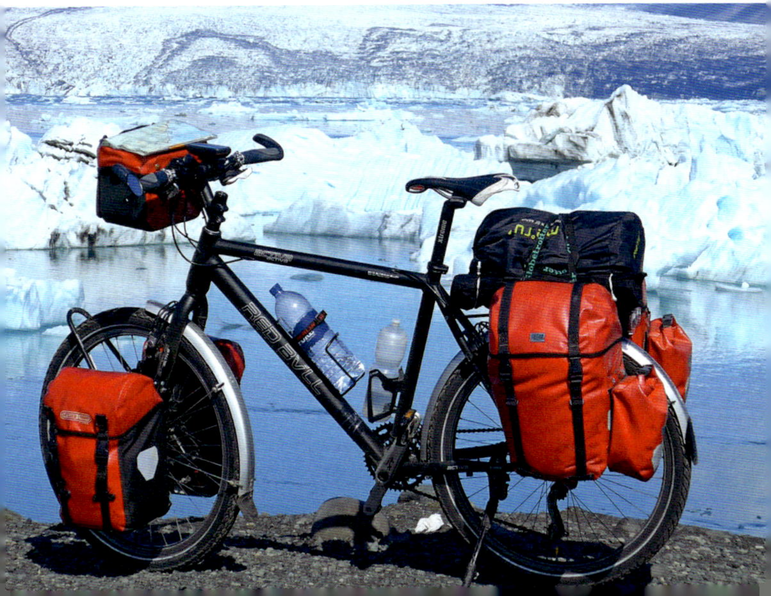

Reisedauer, fünf bis sechs Garnituren Kleidung dabei. Mit Campingausrüstung, Kocher usw. wiegt unser Gepäck jeweils um die 18 kg pro Person (☞ Packen). Dazu kommen noch ca. 18 kg für ein stabiles Reiserad. Bei reisenden Paaren ist also mit einem Gesamtgewicht von 35 bis 40 kg pro Person inklusive Fahrrad zu rechnen. Bei Einzelreisenden erhöht sich das Gesamtgewicht etwas, da Zelt, Kochausrüstung und Verpflegung nicht auf zwei Fahrräder verteilt werden können. Bei Flugreisen muss noch die Verpackung des Fahrrads addiert werden, die bei einem großen Karton ca. 5-6 kg betragen kann.

🕮 Wer Spaß an schnellen Touren mit leichter Minimalausstattung hat: **Fahrradfahren ultraleicht** von Roland Schmellenkamp, OutdoorHandbuch Band 286, Basiswissen für draußen, Conrad Stein Verlag, ISBN 978-3-86686-583-9, € 8,90

Reisevorbereitung

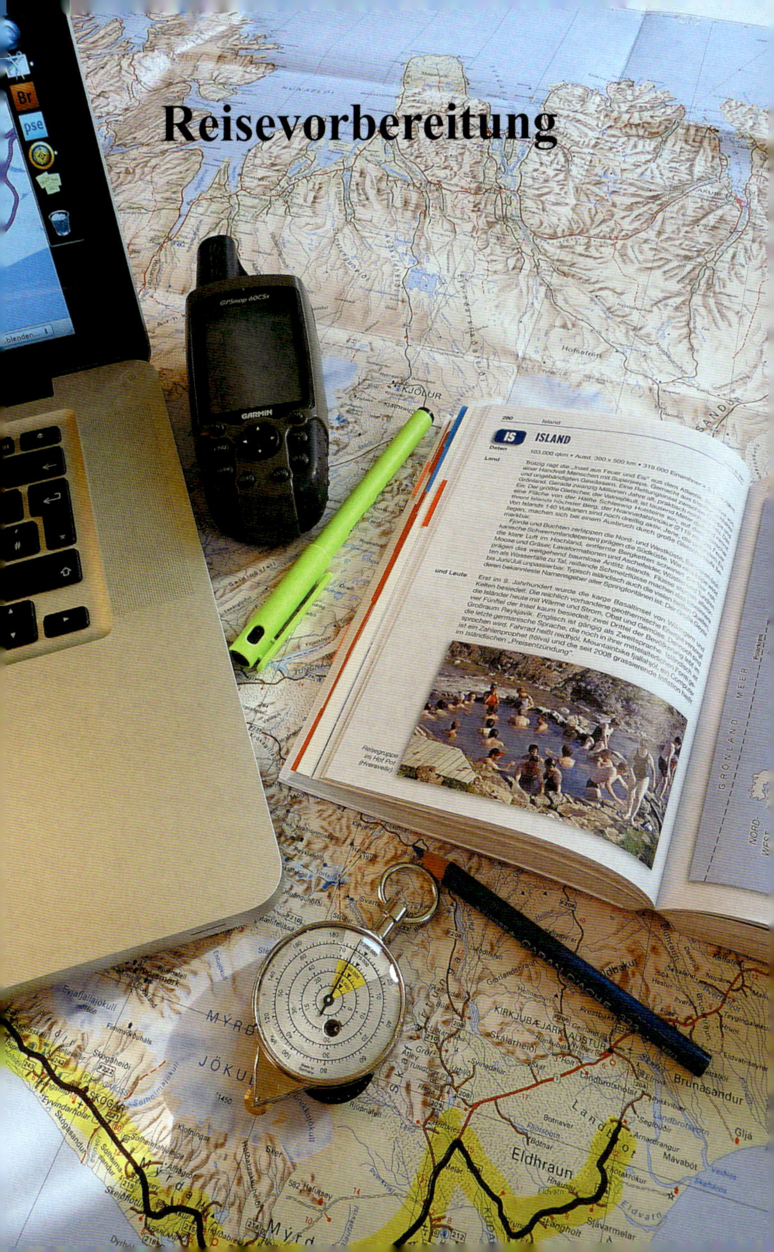

Training

Neben den medizinischen Aspekten hat regelmäßiges Radfahren für den Reiseradler auch praktischen Nutzen, denn ganz ohne Training geht beim Radreisen nicht viel. Wer untrainiert und mit null Jahreskilometern auf dem Tacho eine längere Radreise beginnt, wird auf körperliche Probleme nicht lange warten müssen. Es macht wirklich keinen Spaß, an jeder kleinen Steigung schwer atmend in den kleinsten Gang schalten zu müssen, um dann zu erkennen, dass dieser auch nicht ausreicht. Als Folge kommen Sie auf der Kuppe schwitzend und abgekämpft an und haben unterwegs meistens noch nicht einmal in die Landschaft geschaut. Und wenn dann noch der Partner oder die Kollegen sticheln, ist für einige schon fast das Ende der Radreisekarriere gekommen. Auch Sitzbeschwerden können bei vielen Radlern nur durch ausreichende Kilometerleistungen im Vorfeld der Reise auf ein erträgliches Maß reduziert werden.

Daher sollten Sie möglichst das ganze Jahr über regelmäßig Fahrrad fahren, um die persönliche Kondition zu verbessern oder wenigstens zu erhalten. Eine einfache Möglichkeit hierzu ist, den Weg zur Arbeit mit dem Fahrrad zu bewältigen. Insbesondere Berufstätige mit zu weit entfernten Arbeitsstellen werden das jedoch nicht realisieren können und unter der Woche nicht im gewünschten Maße aufs Fahrrad kommen. Regnerische Wochenenden und die dunklen, kalten Wintermonate sorgen für weitere trainingsfreie Wochen. So kommt es, dass Sie dann doch wieder mit viel zu wenig Training die erste Radreise des Jahres bestreiten müssen.

Abhilfe für dieses Dilemma können Sportstudios bieten, die Training auf sogenannten Spinningrädern anbieten. Hier können Sie auch am Abend, im Winter und an regnerischen Wochenenden trainieren. Dabei müssen Sie nicht allein und stumpfsinnig auf dem Fahrrad die Beine kreisen lassen. Viele Studios bieten Kurse für Indoorcycling an, bei denen Sie in einer Gruppe unter der Anleitung eines Trainers bei mitreißender Musik die Beine fliegen lassen können. Meine Frau und ich machen dies schon seit Jahren mit wachsender Begeisterung parallel zu unseren Ausfahrten in der Natur und sind auf diese Weise schon bei den ersten Frühlingstouren recht fit.

☺ Wer nicht gerne allein trainiert: Eine Möglichkeit zum Radeln in Gesellschaft ist die Teilnahme an einer RTF (Radtourenfahrt), die von den örtlichen Radsportvereinen regelmäßig, überwiegend an den Wochenenden, in ganz Deutschland veranstaltet werden. Speziell für diesen Tag ausgeschildert führen die Tagestouren vom Frühling bis in den Herbst meistens über schöne und verkehrsarme Straßen. Nach Belieben sind verschiedene Streckenlängen wählbar, die bei etwa 40 km beginnen und bis über 150 km reichen können. Eine Auflistung der jährlich über 1.000 RTF in Deutschland ist im Breitensportkalender unter folgender Adresse zu finden: http://breitensport.rad-net.de/breitensportkalender/.

Wer das Radfahrtraining einigermaßen regelmäßig betreibt, wird im Laufe der Jahre feststellen, dass sich nicht nur die Ausdauer, sondern auch das allgemeine Wohlbefinden verbessert. Das gilt für junge Leute ebenso wie für etwas ältere Radler. Streckenlängen und -profile, die uns vor Jahren noch undenkbar erschienen, spule ich mit meiner Frau jetzt ohne nennenswerte Probleme ab. Neulingen ist vor dem Einstieg in ein intensives Training ein Besuch beim Hausarzt anzuraten.

Fahrradinspektion

Wenn Sie sich die Wartung oder Inspektion nicht selbst zutrauen, müssen Sie das Fahrrad möglichst frühzeitig zum Händler geben. Empfehlenswert ist dies außerhalb der Radsaison, wenn der Händler mehr Muße und Zeit hat als im Frühjahr oder Sommer. Nach jeder Inspektion sollten Sie eine längere Probefahrt unternehmen, um eventuelle Fehler erkennen und rechtzeitig abstellen zu können.

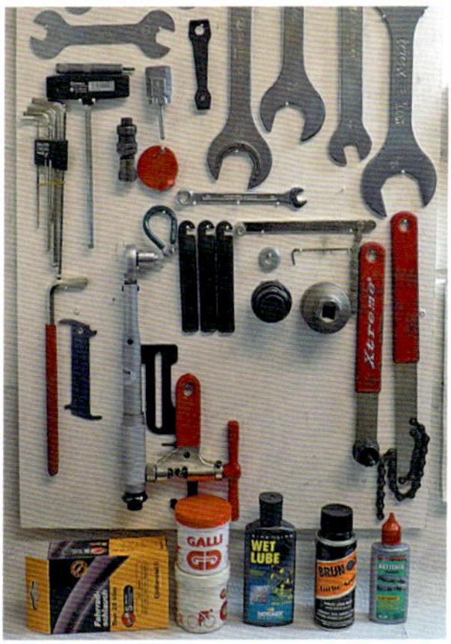

Werkzeug für die Inspektion

Mindestens die folgenden Punkte sollten etwa alle 2.000 bis 3.000 km bei einer Inspektion berücksichtigt werden:

Checkliste Fahrradinspektion

- ▷ Laufräder zentrieren
- ▷ Bremsbeläge prüfen und bei Bedarf ersetzen
- ▷ Bremsen einstellen
- ▷ Kette und Ritzel ersetzen
- ▷ Bowdenzüge erneuern
- ▷ Reifen und Schläuche besonders vor längeren Reisen ersetzen
- ▷ alle Lagerungen auf Spiel prüfen, ggf. neu fetten und einstellen
- ▷ Flaschenhalter auf Bruchstellen untersuchen
- ▷ sämtliche Schrauben und Muttern nachziehen
- ▷ Felgen und Naben an den Speichenlöchern auf Risse prüfen
- ▷ neue Tacho- und Lampenbatterien einsetzen, Akkus laden
- ▷ Umfang und Zustand von Werkzeug und Flickzeug prüfen
- ▷ Funktion der Luftpumpe testen

Vor jeder Reise ist zu entscheiden, welche Verschleißteile vorbeugend ausgetauscht werden, um eine spätere Panne zu vermeiden. Es empfiehlt sich, mit den notwendigen Arbeiten bereits einige Wochen vor Abreise zu beginnen, da es insbesondere bei älteren Fahrrädern zu Schwierigkeiten beim Besorgen von Ersatzteilen kommen kann. Auch muss man manchmal beim Einbau der neuen Teile feststellen, dass sie nicht passen oder gar defekt sind. Wenn Sie sich unsicher sind, ob die Kette noch in Ordnung ist, helfen Verschleißlehren bei der Entscheidung. Bei verschlissener Kette

Mit einer Verschleißlehre können Sie den Zustand Ihrer Kette prüfen

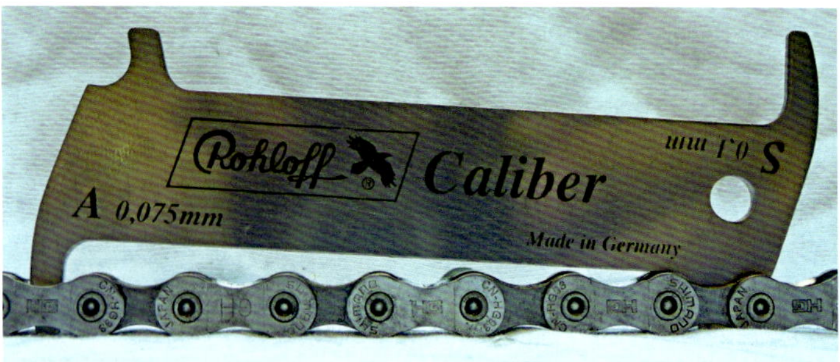

sollte immer auch das Ritzelpaket mit ausgetauscht werden, um die teuren vorderen Kettenblätter zu schonen.

☟ Beachten Sie unbedingt die Bedienungsanleitung des Herstellers des Fahrrads und der verwendeten Komponenten, die ein guter Händler dem Fahrrad beilegt! Verwenden Sie immer einen Drehmomentschlüssel und beachten Sie die vom Hersteller vorgegebenen Anzugsdrehmomente und Sicherheitshinweise!

Allgemeine Infoquellen

Im Bücherregal jedes Radreisenden dürfen zwei Bände nicht fehlen, die in der Szene mittlerweile Kultstatus genießen und eine unglaubliche Informationsvielfalt enthalten. Dabei handelt es sich für Europaradler um den „Fahrradführer Europa“ von Herbert Lindenberg und für Radreisen in der restlichen Welt um den „Fahrrad Weltführer“ von Helmut Hermann. Beide Bücher sind im Reise Know-How Verlag (☞ Weblinks) erschienen,

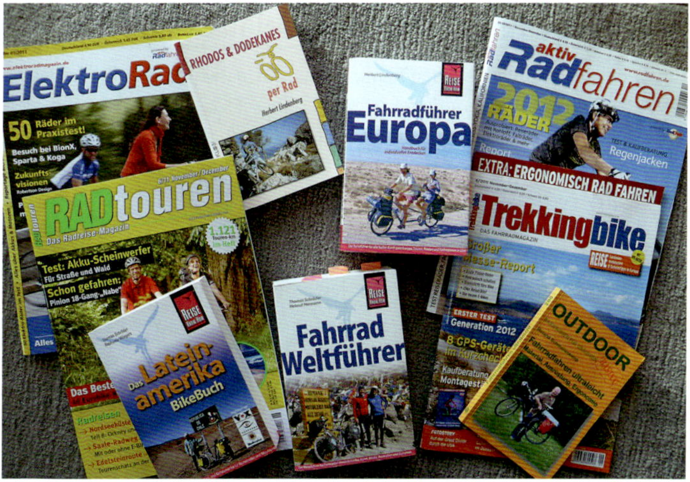

Radmagazine und spezielle Bücher sind gute Infoquellen

enthalten unzählige Informationen und Tourenvorschläge zu allen wichtigen Zielen und wurden von erfahrenen Reiseradlern für Radler geschrieben.

Erster Ansprechpartner für Touren in Deutschland ist für viele Radler der ADFC, der neben vielen allgemeinen Publikationen zum Thema „Radfahren" eine informative Broschüre mit etwa 160 Routen in Deutschland herausgibt: „Deutschland per Rad entdecken" (☞ Weblinks).

Unter den Radmagazinen ist für jeden Geschmack etwas dabei. Einige sind eher auf den sportlichen Radler und Rennradfahrer zugeschnitten, andere bevorzugen Themen rund ums gemütlichere Radfahren. Im ersten Schritt könnten Sie sich daher eine Ausgabe aller verfügbaren Magazine kaufen, um herauszufinden, welches Blatt den eigenen Interessen am nächsten kommt. Einige bieten zum Kennenlernen befristete Abonnements zu reduzierten Preisen an. Neben Tests von neuen Fahrrädern und neuer Ausrüstung bietet fast jedes Magazin auch Tourenbeschreibungen an, durch die Sie sich für die nächste Reise inspirieren lassen können. Mehrere Magazine haben Radreisen zum Schwerpunkt gemacht, andere konzentrieren sich voll aufs E-Bike (☞ Weblinks).

Rahmenbedingungen und Zielauswahl

Bevor es nun endlich losgehen kann, gilt es, das passende Ziel für die Reise festzulegen. Das Problem dabei ist nicht, ein Ziel zu finden, sondern sich bei der Menge der Möglichkeiten für eines zu entscheiden. Für eine erste Vorauswahl sollten Sie neben finanziellen Aspekten die folgenden Punkte beachten:

Checkliste Auswahl Reiseziel

- ▷ klimatische Verhältnisse zur jeweiligen Jahreszeit (Regen, Wind, Kälte/Hitze)
- ▷ Tageslichtdauer
- ▷ eigene Kraft und Ausdauer in Relation zur Topografie
- ▷ Übernachtungsmöglichkeiten
- ▷ Ferienzeiten im Zielgebiet
- ▷ Qualität und Umfang der vorhandenen Ausrüstung

- ▷ Interessenlage (sportlich oder kulturell)
- ▷ Sprachkenntnisse
- ▷ persönliche Reiseerfahrung
- ▷ selbst organisierte Reise oder mit Reisegesellschaft
- ▷ alleinreisend, mit Partner, mit Kindern, in der Gruppe
- ▷ landesspezifische Besonderheiten (Moskitoplage, Ramadan, Impfungen ...)
- ▷ Visabestimmungen bei kurzfristigen Reisen (Erteilungsdauer)
- ▷ politische Lage, Sicherheit

Ist der Reisetermin aus bestimmten Gründen bereits vorgegeben, fallen naturgemäß Ziele mit zu schlechtem oder zu heißem Wetter aus. Für den Radwanderer ist kühles und feuchtes Wetter erträglicher als große Hitze. Gegen Kälte und Regen können Sie sich leicht schützen, nicht aber gegen Hitze. Ist der Urlaub frei wählbar, scheidet das Kriterium „Wetter“ für die Zielauswahl aus, da Sie sich die beste Zeit des Wunschgebiets aussuchen können.

Entscheidend kann auch die Länge des Tageslichts sein. Ein später Sonnenaufgang verbunden mit einem frühen Sonnenuntergang kann die tägliche Kilometerleistung stark einschränken. Dagegen ermöglicht der Sommer in nordischen Regionen das Radeln fast rund um die Uhr.

Einige Wetterportale im Internet bieten nützliche Daten für das Urlaubsziel an. Beispielsweise können Sie Sonnenaufgangs- und -untergangszeiten, Niederschläge und Temperaturen der letzten Jahre für einzelne Städte oder Regionen im Zielgebiet abrufen, um die wettertechnisch beste Jahreszeit zu bestimmen. Diese Angaben lassen wesentlich verlässlichere Rückschlüsse auf die wirklichen klimatischen Verhältnisse vor Ort zu als die oftmals nur gemittelten Angaben in Reiseführern (☞ Weblinks).

Das nächste Entscheidungskriterium ist die Topografie des Zielgebietes. Auf der ersten Reise werden Sie nicht gleich eine Pässetour auf den Spuren der Tour de France unternehmen. Während solche anspruchsvollen Routen eher etwas für den trainierten Fahrer sind, werden sich Anfänger oder untrainierte Leute eher im Flachland, zum Beispiel entlang der wunderschönen europäischen Flussläufe und Kanäle, an den Ufern größerer Seen, in den Niederlanden oder in Norddeutschland, wohlfühlen. Im Laufe der

Zeit werden die Berge jedoch für viele Radler zu Herausforderungen, denen sie sich immer wieder stellen wollen.

Sofern es die persönlichen Verhältnisse zulassen, ist es ratsam, die Radreise nicht in die Ferienzeit des Ziellands zu legen. Neben ausgebuchten Übernachtungsstätten verderben vielfach hohe Preise und überfüllte Straßen und Fahrradwege oder Sehenswürdigkeiten die Laune.

Von grundlegender Bedeutung für die Zielauswahl sind Qualität und Umfang der Ausrüstung sowie das eigene Fahrrad. Für ein 8-Gang-Rad sind beispielsweise die Alpen und die Mittelgebirge tabu, während es im Flachland beste Dienste leisten kann. Für denjenigen, der keine vernünftige Schlechtwetterkleidung und keine wasserdichten Packtaschen besitzt, scheiden auch die Gebiete mit regelmäßig nassem und kaltem Klima aus.

Wichtig für die Zielbestimmung sind auch die persönlichen Interessen. Kulturinteressierte Radler legen naturgemäß die Schwerpunkte einer Radwanderung anders als Radler, die das Erlebnis schöner Landschaften oder auch nur den sportlichen Aspekt in den Vordergrund stellen. Das drückt sich insbesondere in der täglichen Fahrzeit und damit natürlich in der Kilometerleistung aus.

Schließlich wird bei Reisen in abgelegene Länder mit schlechter Infrastruktur die eigene Erfahrung der vergangenen Reisen ausschlaggebend für oder gegen ein bestimmtes Ziel sein. Nur mit ausreichender Erfahrung und Abenteuergeist können Sie den Unwägbarkeiten auf exotischen Touren in schwierigen Reiseländern locker begegnen, was zum Genießen des Urlaubs nicht unwesentlich beiträgt.

Die Teilnahme an einer organisierten Tour kann eine gute Möglichkeit sein, sich an das Radreisen heranzutasten und persönliche Sicherheit aufzubauen. Es wird Ihnen fast alles von der Vorbereitung bis hin zur Durchführung abgenommen und Sie können sich ganz auf das Radfahren konzentrieren. Sogar das Gepäck müssen Sie bei vielen Veranstaltern nicht selbst transportieren, denn es wartet schon in der nächsten Unterkunft auf den (deshalb vielleicht nicht ganz so) erschöpften Besitzer. Selbst ein Fahrrad, neuerdings vermehrt auch E-Bikes, können Sie sich bei einigen Anbietern für die Dauer der Tour ausleihen. Das ist besonders für diejenigen interessant, die erst einmal schnuppern wollen, bevor sie Ausgaben für ein gutes Fahrrad und die notwendige Ausrüstung tätigen.

Radeln Sie allein, mit Partner oder sogar in einer Gruppe? Solotouren können schnell sehr einsam werden, insbesondere in abgelegenen Gebieten oder wenn Sie die Sprache des Ziellands nicht beherrschen. Eine Gruppe sollte möglichst gut zusammenpassen und dies auch schon im Vorfeld getestet haben. Bei einem Partner oder in einer Gruppe ist mindestens Wert auf ähnliche Interessen (Kultur, Natur, reine Sporttour) zu legen. Auch ist auf eine vergleichbare Kondition zu achten. Ansonsten ist der Schnelle gefrustet, weil er dauernd warten muss, und der Langsame fühlt sich auf der Tour dauernd gehetzt. Außerdem ist zu klären, welche Übernachtungsform gewählt werden soll. Nicht jeder will sich abends in ein kleines Zelt zwängen.

Weitere Entscheidungshilfen sind landesspezifische Besonderheiten wie stechende Insekten, die zu bestimmten Jahreszeiten zur Plage werden oder gefährliche Krankheiten übertragen. Zu Zeiten des Ramadan können in einigen Ländern tagsüber Versorgungsschwierigkeiten mit Lebensmitteln auftreten. Auch stellen Impferfordernisse oder Visabestimmungen bei kurzfristigen Reiseplanungen eventuell ein Ausschlusskriterium dar. Schließlich sind einige Länder aufgrund der politischen Lage oder anderen Sicherheitseinschränkungen unter Umständen für eine Radreise temporär nicht geeignet.

Zielspezifische Reiseinfos

Haben Sie nun die Rahmenbedingungen abgesteckt und das Reiseziel festgelegt, geht es an die eigentlichen Vorbereitungen. Zunächst steht die Sammlung von zielspezifischen Informationen an. Neben dem Durcharbeiten der einschlägigen Reiseführer für Radreisende und „Normaltouristen“ gibt es noch eine Fülle weiterer Möglichkeiten, von denen im Folgenden einige aufgeführt sind (☞ Weblinks):

Das Auswärtige Amt der Bundesrepublik Deutschland unterhält einen sehr informativen Internetauftritt für Reisende, der vor jeder Auslandsreise quasi eine Pflichtlektüre darstellt! Hier lassen sich für viele Länder der Welt wichtige Reise- und Sicherheitsinformationen abrufen. Außerdem gibt es aktuelle Hinweise zu den jeweiligen Einreisebestimmungen, Zollvorschriften, medizinischen Erfordernissen sowie allgemeine Landesinformationen zu Politik, Wirtschaft und Kultur.

Grundlegende Informationen zu den notwendigen Gesundheitsvorkehrungen und empfohlenen Impfungen für das Reiseland sind mittlerweile einfach im Internet abzurufen. Trotzdem sollten Sie die ermittelten Ergebnisse rechtzeitig vor der Reise noch einmal mit dem Hausarzt diskutieren. Es ist unbedingt daran zu denken, dass für einige Impfungen bestimmte Vorlaufzeiten bis zum Einsetzen der Wirkung oder Wartezeiten zwischen einzelnen Impfungen einzuhalten sind. Also damit nicht bis zuletzt warten!

Sofern Sie eine organisierte Reise bevorzugen, sollten Sie sich zuerst mit den Katalogen der einschlägigen Reiseveranstalter eindecken. Doch auch wenn Sie individuell unterwegs sind, bieten diese Kataloge mit teils detaillierten Streckenbeschreibungen viele Anregungen für Tourenziele und Etappen.

Etliche Länder versenden noch über ihre Fremdenverkehrsbüros Unterlagen oder verfügen über informative Internetseiten. Deutsche Ferienregionen gehen in Bezug auf Qualität und Umfang meistens als lobenswertes Beispiel voran. Neben allgemeinen Infos werden oft Übersichtskarten beigelegt, die für die spätere Routenplanung von Vorteil sind.

Mitglieder mancher Automobilklubs können Tourenpakete für das gewünschte Zielgebiet anfordern. Obwohl diese Unterlagen auf den Automobilisten zugeschnitten sind, eignen sie sich in der Regel mit Abstrichen auch zur ersten Vorbereitung einer Radwanderung. Beim ADAC zum Beispiel sind in Übersichtskarten wichtige Sehenswürdigkeiten durch Zahlen markiert, die auf einen erklärenden Text verweisen. So haben Sie die einschlägigen Höhepunkte der Region übersichtlich dargestellt und können diese bei der Routenwahl berücksichtigen.

Einige Radwanderer vermarkten ihre Reiseziele in Form von öffentlichen Diavorträgen im Herbst/Winter. Neben den optischen Eindrücken zu Land und Leuten erhalten Sie in den meisten Fällen während des Vortrages handfeste Informationen zur vorgestellten Reise. Diese sind oft auch auf die eigene Planung übertragbar.

Analoge Karten

Ein Kartenmaßstab 1:200.000 bis 1:400.000 reicht für längere Reisen im Allgemeinen vollkommen aus. Bei hoher Straßendichte im Zielgebiet empfiehlt es sich, zum größeren Maßstab zu tendieren, wogegen in Gebieten mit geringer Infrastruktur der kleinere Maßstab ausreichen kann. In oben genannter Spanne wird auch von verschiedenen Verlagen die größte Auswahl angeboten.

Gute Radtourenkarten sind mit speziellen Radfahrerinformationen versehen, die in üblichen Straßenkarten nicht zu finden sind. Hierzu zählen Angaben zum Verkehrsaufkommen sowie zu Fahrradwegen, Fähren, Zeltplätzen oder auch Anstiegen.

Von den Autokarten eignen sich nach meiner Erfahrung die ADAC-Werke im Maßstab 1:100.000 bis 1:250.000, die auch für einige Nachbarländer erhältlich sind. Für Frankreich und Südeuropa sind die Regional- und Lokalkarten von Michelin (☞ Weblinks) sehr gut. Landschaftlich besonders schöne Strecken sind farbig hervorgehoben.

Topografische Karten stellen das Gelände plastisch dar und sind daher für Tagesfahrten mit begrenztem Aktionsradius oder Kurzurlaube geeignet. Sie sind meistens im Maßstab 1:50.000 gefertigt und damit für weite Reisen ungeeignet, da Sie zu viele Karten kaufen und mitnehmen müssten. Auch ist es störend, auf einer längeren Tour alle paar Kilometer anhalten zu müssen, um die Karte zu wenden oder neu zu falten. Außerdem ist auf längeren Strecken der Informationsgehalt einer topografischen Karte zu groß und nicht wirklich nutzbar.

Deutlich kleinere Maßstäbe als 1:200.000 lassen oftmals gerade die untergeordneten Straßen aus, die ein ruhiges Fortkommen ohne Verkehr ermöglichen. Dennoch sind sie zusätzlich zur Sicherung der Übersicht auf einer längeren Reise unverzichtbare Begleiter. Allerdings sollte hierbei das ganze Reisegebiet auf nur einem Blatt mit möglichst kleinem Maßstab (ab ca. 1:1.000.000) dargestellt sein. Oft wird ein solches Werk von den Fremdenverkehrsämtern kostenlos zur Verfügung gestellt.

Bei ausgedehnten Reisen lässt sich in den Gepäcktaschen Platz schaffen, indem Sie die Karten auf den betreffenden Streckenverlauf zurechtschneiden und nur diesen Teil mitnehmen. Bei unverhofften Routenänderungen kann das natürlich zu Problemen führen. Benötigen Sie für die Reise mehrere dieser Kartenausschnitte, ist es von Vorteil, diese zu nummerieren. Dann sind die Nummern entsprechend des Kartenausschnitts in eine Übersichtskarte einzutragen. So finden Sie unterwegs ohne großes

Suchen das benötigte Kartenteil. Reisen Sie zu zweit, hat eine Person die Übersichtskarte in der Kartentasche am Lenker, während die andere Person die Detailkarte nimmt.

GPS und digitale Karten

Die Abkürzung GPS steht für die amerikanische Bezeichnung „Global Positioning System“. Dieses satellitengestützte weltweite Orientierungssystem wurde vom US-amerikanischen Militär für Verteidigungszwecke entwickelt und aufgebaut. Seit einigen Jahren ist das konkurrierende europäische System „Galileo“ in Betrieb.

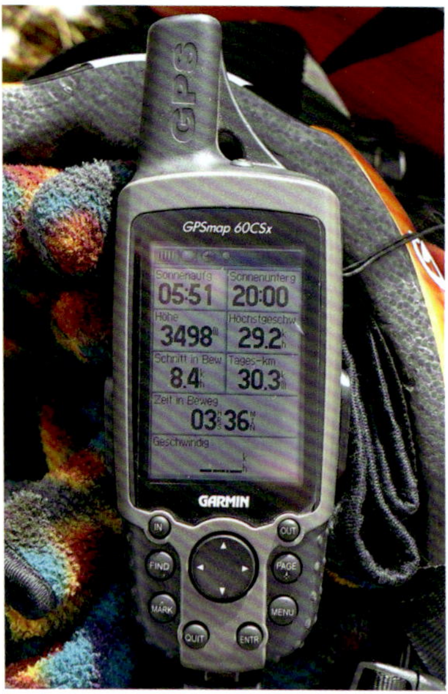

Auch auf der Radreise kann GPS sinnvoll sein

Zum Themenkomplex GPS sind etliche umfangreiche Bücher erschienen, die alles Interessante bis ins kleinste Detail an aktuellen Geräten erklären. Deshalb möchte ich hier nur einige Grundinformationen aus meiner Praxis für den Einstieg liefern.

Jahrelang stand ich der GPS-Technik für Radreisen recht skeptisch gegenüber. Ich vertiefe mich leidenschaftlich gerne in die übersichtlichen Land- und Straßenkarten aus Papier, um all die vorhandenen Informationen für meine Reise optimal herauszulesen. Außerdem wollte ich neben der Digitalkamera und dem Mobiltelefon nicht noch weitere Geräte mitschleppen, die mir mit leeren Akkus und zusätzlichem Gewicht unterwegs den Nerv rauben. Erst eine Gruppenreise in China ließ mich umdenken: Die GPS-Geräte anderer Radler führten uns ohne Probleme durch große und fremde Städte, für die wir im Vorfeld keine gedruckten Karten finden konnten. Eine Orientierung ohne GPS wäre hier nur mit viel Spürsinn und Zeitaufwand möglich gewesen.

Gleich zu Beginn möchte ich eine Warnung aussprechen: Ein GPS-Gerät zu kaufen und damit gleich loszufahren, können Sie sich aus dem Kopf schlagen. Die Bedienung der meisten erhältlichen Geräte ist für den Einsteiger ohne Grundkenntnisse kompliziert. Daher ist es unabdingbar, sich vor der ersten Tour intensiv mit dem Gerät, seinen Einstellungen und der Bedienung vertraut zu machen. Obwohl Sie auch ohne Karten ein GPS-Gerät nutzen können und es auf einigen Modellen bereits installierte Basiskarten gibt, steigern zugekaufte oder kostenlos aus dem Internet geladene digitale Karten und Programme den Nutzwert des Geräts erheblich. Schließlich lassen sich von anderen Radlern mit einem GPS-Gerät aufgezeichnete Strecken über einen PC auf das eigene Gerät laden, um diese unterwegs abfahren zu können. Ohne die ergänzenden Möglichkeiten, die ein zusätzlicher Heim-Computer bietet, ist daher aus meiner Sicht ein GPS-Gerät für eine Radreise nur sehr eingeschränkt zu empfehlen.

Man sollte wissen, dass ein GPS-Gerät beim Radreisen nicht als Kartenersatz, sondern nur als Ergänzung zur Karte geeignet ist. Das Gerät kann auf der Reise einen Defekt erleiden oder die Akkus sind zum ungünstigsten Zeitpunkt leer. Außerdem können auch Bedienungsfehler das Gerät nutzlos machen, wie es mir gleich auf der ersten GPS-Tour passiert ist: Während der Fahrt wollte ich die Tagesdaten des eingebauten Tachos zurückstellen, übersah ein kleines Häkchen an der falschen Stelle und schon waren alle mühsam am PC geplanten Etappen der Tour unwiderruflich vom Gerät gelöscht. Wenn Sie dann keine Karte dabeihaben, kann die Orientierung schnell problematisch werden.

Ein großer Vorteil des GPS-Geräts ist der Umstand, dass Sie insbesondere während schwieriger Streckenführungen im Gegensatz zur Karte nicht anhalten müssen, um den momentanen Standort mit der weiteren Fahrtrichtung abzugleichen. Auch entfällt das Anhalten beim Wenden der Karte, wenn Sie wieder einmal den Rand des aktuellen Ausschnitts erreicht haben. Der Pfeil für den momentanen Standort zentriert sich während der Fahrt immer auf dem Display. Das heißt, die Karte schiebt sich unter dem Pfeil hindurch. Das kleine Display hat jedoch den Nachteil, nicht übersichtlich genug zu sein, um längere Strecken sinnvoll darzustellen. Das kann insbesondere hinderlich sein, wenn Sie unterwegs am GPS eine Alternativroute ausarbeiten wollen. Auch fällt es mir nach einer ausschließlich mit GPS-Nutzung gefahrenen Tour schwer, sie anschließend im Kopf nachzuvollziehen. Ich kann dagegen heute noch viele Reisen mit Nutzung von herkömmlichen Karten in groben Zügen auswendig nachvollziehen. Toll beim GPS ist die Möglichkeit der Aufzeichnung der gefahrenen Strecke für eine spätere Aufarbeitung am PC.

☺ Anhand meiner Erfahrung mit beiden Systemen sehe ich diese nicht in Konkurrenz zueinander. Daher empfehle ich für eine Radreise ganz klar die Kombination von GPS-Gerät und Papierkarte. Die Karte nutzen Sie im Vorfeld zur Festlegung der Route und unterwegs zum Schmökern, zur großräumigen Orientierung, zum Planen von Alternativen und als Ersatz für den Fall eines Defekts am GPS-Gerät. Das GPS-Gerät ist dagegen der nützliche Helfer während der Fahrt und zeigt die am PC ausgearbeitete Tour und alles Wissenswerte rund um den momentanen Standort im direkten Umfeld. Aus diesem Grund habe ich unterwegs auch beides zusammen am Lenker im Blickfeld.

GPS-Geräteauswahl

Wenn Sie sich nun grundsätzlich für das GPS entschieden haben, geht es zunächst an die Auswahl des richtigen Modells. Hier sind die Punkte Displayqualität, Bedienungsfreundlichkeit während der Fahrt, Einsatzdauer pro Akkuladung bzw. Batteriesatz, Lenkerhalterung, Wasserdichtheit und die Vielfalt verfügbarer Karten aus meiner Sicht die wichtigsten Entscheidungskriterien.

Wichtig ist ein klares, scharfes Display, das sich am Tag ohne Hintergrundbeleuchtung (Stromverbrauch!) bei allen Lichtbedingungen während der Fahrt gut ablesen lässt. Gute Displays können sogar bei starker Sonneneinstrahlung noch abgelesen werden. Moderne Geräte sind überwiegend mit einem Touchscreen ausgerüstet. Hiermit lässt sich das Gerät fast ohne Tasten und deutlich schneller bedienen. Berührungsempfindliche Displays haben aber auch einige kleinere Nachteile. Einerseits ist ein Touchscreen bei Kälte mit dicken Handschuhen schwerer zu bedienen. Ein weiterer

Nachteil des Displays ergibt sich bei starkem Regen, wenn sich durch auftreffende Tropfen nicht gewünschte Reaktionen des Geräts einstellen. Hier sollten Sie die Empfindlichkeit des Displays vorübergehend auf eine niedrigere Stufe einstellen. Aus meiner Sicht spricht trotz der kleinen Nachteile alles für ein Gerät mit einem Touchdisplay.

Bei der Stromversorgung kommen handelsübliche Batterien oder gerätespezifische Akkus zum Einsatz. Sobald das Gerät in abgelegenen Gebieten oder zum Beispiel auf Campingtouren eingesetzt wird, sind Geräte von Vorteil, die Sie mit AA- oder AAA-Akkus und alternativ mit entsprechenden Batterien bestücken können. So sind Sie länger unabhängig von einer Steckdose und sparen viel Geld für spezielle Zweitakkus. Geräte mit fest eingebautem Akku würde ich daher nicht in die engere Wahl ziehen.

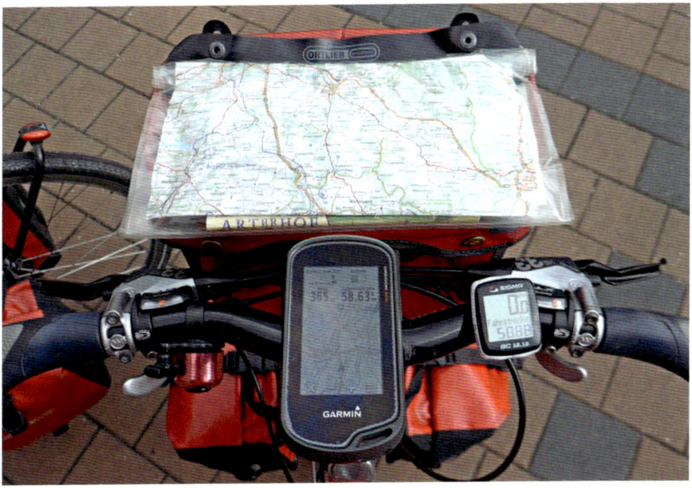

GPS und Karte werden übersichtlich am Lenker angebracht

Schließlich ist auch die Art der Befestigung des GPS-Gerät am Fahrradlenker von Bedeutung. Wichtig ist ein flacher Aufbau, der das Gerät verdrehsicher und schwingungsfrei am Lenker befestigt. Außerdem ist es vorteilhaft, wenn sich das Gerät mit einfachen Handgriffen vom Halter entfernen lässt. Auch wenn der GPS-Halter einen stabilen Eindruck macht, ist es besser, das Gerät über eine Handschlaufe am Lenker zu sichern, falls es sich trotzdem einmal bei einem harten Schlag oder Sturz aus der Halterung lösen sollte.

☺ Das GPS-Gerät muss für den Einsatz am Fahrrad unbedingt wasserdicht sein. Die Wasserdichtigkeit lässt sich anhand einer Abkürzung auf dem Gehäuse oder der Betriebsanleitung ermitteln. Die Kennzeichnung setzt sich aus der englischen Abkürzung „IP“ für Schutzklasse und zwei Zahlen zusammen. Die erste Zahl steht für den Grad der Dichtigkeit gegenüber festen Partikeln und ist hier nicht von großer Bedeutung. Daher wird als Platzhalter häufig ein X angegeben. Die zweite Zahl zeigt den Grad für den Wasserschutz an. Für die Bedingungen auf einer Radreise ist die Stufe 7 ausreichend. Das bedeutet, dass das GPS-Gerät kurzzeitig in Wasser eingetaucht werden kann, aber nicht länger untergetaucht werden darf, um dicht zu bleiben. Ausreichend wasserdichte Outdoor-GPS-Geräte weisen also eine Dichtigkeit von IP X7 auf.

Ob eine Sprachausgabe beim Routing sinnvoll ist, würde ich verneinen. Weitere oft vorhandene Funktionen wie Kompass, eine integrierte Kamera oder eine Anzeige der besten Angelzeiten wird der Normalradler in der Regel entbehren können.

Neben reinen GPS-Geräten für den Outdoorbereich weisen fast alle Mobiltelefone eine Navigationsfunktion auf. Obwohl es auch hierfür mittlerweile Fahrradhalter im Zubehörhandel gibt, stellen diese Geräte nur eine Notlösung auf der Radreise dar. Die Akkulebensdauer ist beim Einsatz als Navigationsgerät oft unzumutbar kurz und Wechselakkus sind nicht verfügbar oder sehr teuer. Das Display ist in der Regel im Freien schlecht abzulesen und muss dazu noch beleuchtet werden. Außerdem sind etliche Mobiltelefone nicht wasserdicht und stabil genug für den harten Einsatz auf dem Fahrrad. Schließlich ist es oft unmöglich, fahrradspezifische Karten zu nutzen. Sie müssen hier mit den enthaltenen Straßenkarten vorliebnehmen. Autonavigationsgeräte haben analog zu den vorgenannten Beispielen dieselben Nachteile.

Checkliste GPS-Kauf

- ▷ Vor dem Kauf ein GPS-Fachbuch gelesen?
- ▷ Display ohne Beleuchtung auch in der Sonne ablesbar?
- ▷ Welche Karten sind verfügbar?
- ▷ Programme und Karten am PC bzw. Mac und am GPS nutzbar?
- ▷ Routing auch für Radwege möglich?
- ▷ Bedienungsfreundlichkeit (Menü, Knöpfe/Touchscreen)?
- ▷ Laufzeit der Akkus? Standardakkus und Batterien verwendbar?
- ▷ Stabiler Fahrradhalter erhältlich?
- ▷ Speicherplatz für 3-wöchige Tour ausreichend?
- ▷ Gerät wasserdicht (IP X7)?
- ▷ Fahrrad-Tachofunktionen (Geschwindigkeit, Strecke, Höhe etc.)?
- ▷ Weitere Nutzungsmöglichkeiten (Kfz-Routing, Wandern, Geocaching)?

Sehr hilfreich ist vor einem Kauf die Lektüre der einschlägigen Outdoor- und Radmagazine, in denen die neuesten GPS-Geräte regelmäßig vorgestellt und getestet werden. Weiterhin lassen sich viele Fragen und Problemlösungen aus den einschlägigen Internetforen ersehen (☞ Weblinks). Haben Sie sich eine Übersicht verschafft, ist es ratsam, das Gerät in einem Spezialgeschäft zu kaufen, das die favorisierten Modelle zum Vergleich vorhält. Nur hier, und nicht im Internet, können Sie sich vor dem Kauf noch einmal die Displayqualität und die Bedienungsfreundlichkeit im Detail ansehen. Auch wird ein örtlicher Händler bei Problemen und Fragen in der Regel hilfreich zur Seite stehen.

Grundsätzlich können Sie Ihr neues GPS-Gerät auch ohne Karten nutzen, sofern Sie sich über einen PC einen entsprechenden Track auf das Gerät laden. Ein Track stellt die genaue Streckenführung einer Tour dar, die sich aus vielen von einem GPS-Gerät gespeicherten Ortspunkten zusammensetzt. Die Summe der aufgezeichneten Punkte zeigt sich dann als gewundene Linie auf dem Display, der Sie einfach folgen. Solche Tracks können selbst aufgezeichnete Touren aus der Vergangenheit sein, mithilfe von digitalen Karten selbst erstellte Strecken darstellen oder aus dem Internet heruntergeladen werden. Dort gibt es auf speziellen Internetportalen eine riesige Auswahl aus aller Welt. Hier stellen viele GPS-Nutzer ihre aufgezeichneten Trips meistens mit kurzer Beschreibung und den Tourendaten ein (☞ Weblinks). Auf diese Weise können Sie sich ohne große Mühe schnell einige Routen für das Zielgebiet zusammenstellen. Kleiner Nachteil: Sie müssen sich auf fremde Daten verlassen, die nicht immer korrekt sind. Außerdem muss die fremde Strecke nicht die optimale Route darstellen und Sie fahren auch jedem Umweg hinterher, den der Track-Ersteller mit aufgezeichnet hat. Daher ist eine Prüfung des Tracks über einen Routenplaner vor der Nutzung sinnvoll, sofern Sie keine digitalen Karten besitzen. Für fast alle offiziellen Fahrradrouten lassen sich die genauen Tracks im Internet herunterladen und auf dem PC und dem Navigationsgerät speichern, was die Tourenplanung deutlich vereinfacht.

Digitale Karten

Um das GPS-Gerät optimal zu nutzen, ist der Einsatz von speziellen digitalen Karten ratsam. Hier unterscheidet man prinzipiell zwischen Rasterkarten und Vektorkarten und beide wiederum in Straßenkarten und topografische Karten. Außerdem können Karten noch routingfähig sein.

Rasterkarten sind prinzipiell wie aufs GPS-Gerät kopierte Papierkarten anzusehen. Dabei verändern sich der Informationsinhalt und die Darstellung bei einer Veränderung des Maßstabs am Gerät nicht. Eine Vektorkarte enthält dagegen viele Informationen, die sich nach und nach erst bei schrittweiser Vergrößerung der Karte zeigen. Dadurch lässt sich die Ansicht auf dem Display viel übersichtlicher gestalten. Mit einer speziellen für Radfahrer routingfähigen Karte schlägt das GPS-Gerät nach einer Zieleingabe selbstständig eine geeignete Strecke vor. Autonavigationsgeräte sind aufgrund der Beschränkung auf Straßen und der kürzeren Akkulaufzeit deutlich im Nachteil. Auch können Sie den Streckenvorschlag des Programms auf dem PC nach eigenen Vorstellungen abwandeln und dann erst auf das GPS-Gerät laden. Auf der Tour werden Sie, so vorbereitet, vom GPS-Gerät aktiv über die Straßen geleitet. Bei notwendigen Richtungsänderungen meldet sich das Gerät akustisch mit Signaltönen und optisch mit eingeblendeten Richtungspfeilen auf dem Display – wie bei der Navigation im Auto. Parallel dazu können Sie auch einen Track in die Karte laden und diesem ohne aktive Navigation folgen, was bei guter Vorbereitung für die Radreise aus meiner Sicht sinnvoller ist. Auf diese Weise sparen Sie Akku-

oder Batterieleistung und werden nicht bei jeder geringfügigen Abweichung von der geplanten Strecke vom Gerät mit Warnsignalen und Neuberechnungen der Route genervt.

Beim Kartenkauf ist zu beachten, dass nicht jedes GPS-Gerät jede Karte anzeigen kann, was ein Auswahlkriterium für das GPS-Gerät darstellt. Außerdem ist zu bedenken, dass zwar die meisten Programme auf einem PC mit einem Windows-Betriebssystem laufen, einige aber nicht auf einem Rechner mit Apple-Betriebssystem. Schließlich sind viele Karten erhältlich, die Sie zwar über eine SD-Karte im GPS-Gerät nutzen, jedoch nicht auf den PC speichern können! Hierbei müssen Sie bei PC-Nutzung immer auch das Navigationsgerät an den PC koppeln.

Vor dem Kauf eines Navigationsgeräts und entsprechenden digitalen Karten sollten Sie sich also ausführlich mit dem Thema vertraut machen und die Geräte-Features mit den eigenen Bedürfnissen abgleichen. Ansonsten sind ein teurer Fehlkauf und Frust bei der Anwendung nicht auszuschließen. Ideal für den Einstieg in das komplexe Thema sind GPS-Kurse bei Volkshochschulen und beim ADFC sowie spezielle Fachbücher.

📖 **Karte • Kompass • GPS** von Reinhard Kummer, OutdoorHandbuch Band 4, Basiswissen für draußen, Conrad Stein Verlag, ISBN 978-3-86686-619-5, € 8,90

♦ **GPS** *Grundlagen • Tourenplanung • Navigation* von Michael Hennemann, Outdoor-Handbuch Band 375, Basiswissen für draußen, Conrad Stein Verlag, ISBN 978-3-86686-495-5, € 9,90

Routenausarbeitung

Für die Planung ist es von Bedeutung, ob eine Rundreise oder die Bewältigung einer Strecke von A nach B angestrebt wird. Letzteres hat einige Nachteile, obwohl es sich in bestimmten Gegenden geradezu anbietet. Ganz besonders lange Küstenstrecken oder Flusstouren zählen hierzu. Das Problem beginnt bereits bei der Anreise, wenn die Tour nicht wieder am Ausgangspunkt endet. Reisen Sie mit dem Flugzeug an, ist es am besten, einen Gabelflug zu buchen (☞ Anreise). Hierbei legen Sie den Startpunkt der Tour an einen Flughafen und das Ende an einen anderen. So haben Sie nur einen Hin- und Rückflug zu buchen und Zwischentransporte entfallen.

Das macht es preiswerter, weniger zeitaufwändig und unkomplizierter. Beginnen Sie die Reise mit Bus oder Bahn, lassen sich manchmal ähnliche Konfigurationen wie beim Flug planen. Ungünstiger wird die Anreise mit dem eigenen Pkw. Hierbei müssen Sie auf jeden Fall wieder zurück an den Ausgangspunkt, was zusätzlich Zeit und Geld kostet.

Ein weiterer Nachteil einer Reise von A nach B ist die notwendige Einplanung von Reservetagen am Ende der Tour, denn topografische Überraschungen und das Wetter lassen sich schwer kalkulieren. Benötigen Sie jedoch den vorgesehenen Zeitpuffer nicht oder fahren gar einige Tage zusätzlich heraus, stehen Sie plötzlich viel zu früh am Ziel. Wenn Sie dann keine interessante Alternative für die letzten Tage haben, kommt schnell Verdruss auf. Wir versuchen daher stets, an das Ende einer solchen Route eine interessante Stadt oder eine andere Sehenswürdigkeit zu legen.

Dagegen hat eine Rundreise viele Vorteile. Sie ist variabler zu gestalten. Dadurch lässt sich auch die Problematik der oben angesprochenen Puffertage bei entsprechender Organisation reduzieren. In der Regel lässt sich die Gesamtstrecke genau auf die Anzahl der verfügbaren Urlaubstage abstimmen. Wählen Sie zusätzlich für das letzte Drittel der geplanten Strecke eine kürzere Alternative aus, kann je nach Bedarf darauf zurückgegriffen werden. Sind außerdem zusätzlich noch Abstecher oder Besichtigungstage möglich, kann der Urlaub bis zum letzten Tag ausgereizt werden. Die Rundreise bietet durch die unkomplizierte An- und Abreise weitere Vorteile. Das schlägt sich zwangsläufig auch im Preis nieder.

Mit dem Wissen um die möglichen persönlichen Tageskilometer lässt sich durch Multiplikation mit den Urlaubstagen grob die mögliche Gesamtstrecke abschätzen. In Abhängigkeit von Ausdauer, Topografie, Pausen, Besichtigungsanteilen usw. lassen sich durchschnittliche Etappenlängen von 50 km für Einsteiger bis über 100 km pro Tag für konditionsstarke Fahrer realisieren. Der Normalradler kann einen Wert von maximal 10 bis 15 km/h für flaches bis hügeliges Terrain ansetzen. Durchschnittsgeschwindigkeiten von 20 km/h und mehr über die gesamte Tour hinweg werden nur konditionsstarke Radler erreichen.

Bei der Ermittlung der Etappenkilometer dürfen Sie sich nicht ausschließlich auf die Angaben in der Straßenkarte verlassen, die nicht selten falsch sind. Eine Kontrolle über Routenplaner am PC ist wichtig. Vor Ort ist es äußerst unangenehm, wenn Sie an einem schweren Tag merken, dass die Angaben in der Karte nicht stimmen und Sie etliche Kilometer mehr fahren müssen als geplant.

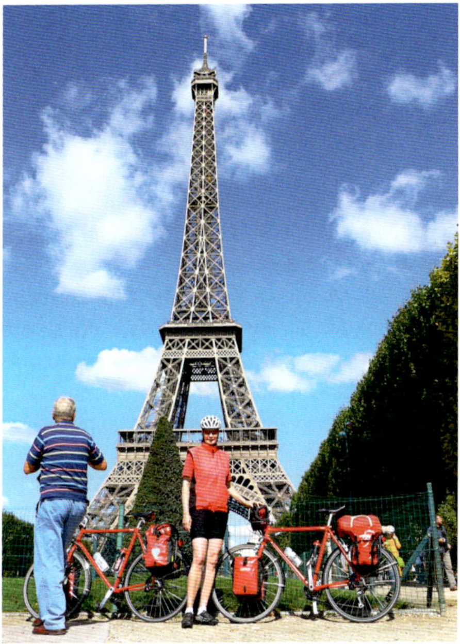

Mit dem Rad in Paris

Bei der Abschätzung der täglichen Fahrzeit ist zu bedenken, dass Sie ohne gebuchte Bleibe nicht erst bei Einbruch der Dunkelheit ankommen sollten. Ideal ist eine Ankunftszeit, die eine Weiterfahrt bis zur nächsten Übernachtungsmöglichkeit offenlässt. Bei der Nachtruhe im eigenen Zelt gilt das natürlich nur mit Einschränkungen. Ich bin, außer in kanadischen Nationalparks, noch nie an einem vollen Campingplatz abgewiesen worden. Von der verfügbaren Zeit des Tages gehen noch Anteile für das Frühstück, das morgendliche Zusammenpacken und mehrere Pausen für Mahlzeiten, Erholung oder Besichtigungen ab. Beim Folgen von Kanal- und ehemaligen Eisenbahntrassen ist zu bedenken, dass es hier selten Verpflegungs- oder Einkehrmöglichkeiten gibt und Sie hierfür Abstecher in die nächste Stadt einplanen müssen. Als reine Fahrzeit kommen für den Durchschnittsradler maximal vier bis sechs Stunden pro Tag zusammen.

Die Fahrtrichtung richtet sich im Idealfall nach Wind und Sonnenstand. Besonders an den Küsten, aber auch auf dem platten Land sind zu den verschiedenen Jahreszeiten bestimmte vorherrschende Brisen zu erwarten, die Sie für sich ausnutzen können. Der Wind als ständiger Gegner lässt auch den stärksten Radler bald verzweifeln. Mit der Sonne im Rücken lässt es sich auf der Nordhalbkugel in Richtung Nordost viel besser fahren, wirken doch die Farben schöner als im Gegenlicht und das Gesicht ist besser vor der Sonne geschützt. Auf der Südhalbkugel ist es naturgemäß genau umgekehrt! Auf Küstenstraßen ist die Fahrbahn auf der Wasserseite ideal, da der Radler so keine Autos und Asphaltflächen zwischen sich und der Aussicht auf das Meer hat.

Schließlich sollten Sie für die Tour noch einen individuellen Zeitpuffer einplanen, der für jeweils zehn Tage Reisedauer nach Belieben ungefähr ein bis zwei Tage betragen sollte. Diese Reserve ist notwendig für Zeiten mit miserablem Wetter, für einen faulen Tag, fürs Wäschewaschen, oder wenn Sie sich bei der Planung der Etappenlänge überschätzt haben.

Notfallvorsorge

Obwohl man die Möglichkeit eines Notfalls vor der Reise gerne verdrängt oder gar nicht erst in Betracht zieht, gehört die Notfallvorsorge zu den unverzichtbaren Reisevorbereitungen. Passiert unterwegs etwas, werden Sie kaum die Nerven haben, alle notwendigen Informationen vollständig, zeitnah und exakt bereitzustellen. Nachfolgend sind wichtige Dokumente, Telefonnummern und Informationen aufgelistet, die Sie während der Reise für den Notfall bereithalten sollten.

Checkliste Notfallinfos

- ▷ Telefonliste mit Durchwahl, ggf. Versicherungsnummer und Ansprechpartner:
  Familienmitglieder, Kreditkarten-Sperrnummer, Fahrradhändler, Schutzbrief-Notruf, Haus- und Facharztkontakt, Krankenkasse, Auslandskrankenversicherung usw.
- ▷ Kopien folgender Dokumente:
  Auslandskrankenversicherung, Rechtsschutzversicherung
  Schutzbrief, Reiseversicherungen, Privathaftpflichtversicherung
  Flugscheine, Hotelvoucher, Bus-/Fährtickets

Reisepass, Visum, Studenten- und Jugendherbergsausweis

Blutgruppe, Impfbuch (erfolgte Impfungen evtl. übersichtlich in Tabelle eintragen)

Rechnungen sehr teurer Ausrüstung wie Kamera und Notebook (für den Zoll)

Verpackungsvorschriften der Airline (für Streitigkeiten mit dem Bodenpersonal)

▷ Ersatzteilliste bei längeren Fernreisen:
Bei einer Kontaktperson sollten Sie Ersatzteile bereitlegen, die bei Bedarf nachgesendet werden können.

☺ Eine Alternative zur Mitnahme von Kopien ist, die Dokumente zu scannen und auf einem USB-Stick mitzuführen bzw. sich die Dokumente selbst noch zusätzlich per E-Mail zu senden, die Sie von unterwegs einsehen können. Einige Internet- und Telefonkonzerne bieten eine kostenlose Cloud an. Hier können Sie die Daten und Unterlagenscans als Datei ablegen und unterwegs bei Bedarf abrufen, was für mich mittlerweile die sinnvollste Lösung ist.

Packen

Beim Packen muss zum einen auf das zulässige Gesamtgewicht für das Fahrrad geachtet werden, das sich aus den Einzelgewichten von Fahrrad, Fahrer und Gepäck zusammensetzt (siehe Bedienungsanleitung). Bei stabilen reisegeeigneten Fahrrädern liegt das zulässige Gesamtgewicht meistens bei etwa 120 bis 140 kg. Man kann leicht erkennen, dass schwere Fahrer nicht unbegrenzt Gepäck auf dem Fahrrad mitnehmen können. Außerdem ist das zulässige Gewicht des Gepäcks bei einer Anreise mit dem Flugzeug von Bedeutung. Dabei sind deutliche Unterschiede zwischen den verschiedenen Fluggesellschaften und bei den Reisezielen zu beachten. In vielen Fällen wird für das Fahrrad als Verpackung ein Karton oder eine Radtasche verlangt und für dieses Paket eine Pauschale erhoben. In diesem Fall ist es günstig, die Pedale am Rad zu belassen (von innen in die Kurbeln schrauben), das Werkzeug in eine Trinkflasche zu legen und auch das schwere Schloss ebenfalls am Fahrrad zu befestigen. Damit entlasten Sie

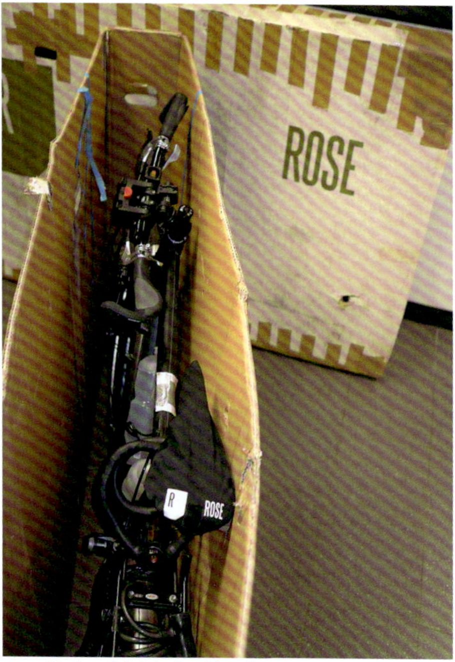

Das Rad gehört beim Flug in einen stabilen Karton

das aufzugebende Gepäck. Allerdings kann es Probleme geben, wenn normales Gepäck am Fahrrad befestigt wird, um die Radpauschale auszunutzen. Hier spielen einige Airlines dann nicht mehr mit. Sollte das Gewichtslimit des aufzugebenden Gepäcks überschritten werden, können Sie noch einige Kilo herausschlagen, indem Sie eine Packtasche, mit schweren Teilen gefüllt, als Handgepäck mit in die Kabine nehmen. Dabei sollten Sie unbedingt auf die maximal erlaubten Abmaße und das Gewichtslimit fürs Handgepäck achten, das in der Touristenklasse meistens zwischen 5 und 8 kg liegt.

☺ In den Fahrradkarton gehört auf jeden Fall eine Rolle Paketklebeband, falls dieser beim Einchecken noch einmal geöffnet werden muss. Außerdem sollten Sie einen Zettel oder eine Visitenkarte mit dem eigenen Namen und der Adresse auf den Fahrradrahmen, dazu das Flugziel und die Fluggesellschaft/Flugnummer, kleben. Das ist nützlich, um das Fahrrad wiederzubekommen, sollte es einmal aufgrund eines fehlenden Gepäcklabels auf dem Karton verloren gehen.

Als Gedächtnisstütze für das mitzunehmende Gepäck dient zunächst eine Aufstellung der notwendigen Gegenstände, geordnet nach Sachgruppen (☞ Checkliste Packen siehe Umschlaginnenseite hinten). Beim Packen wird alles entsprechend der Verwendung systematisch eingeordnet, ansonsten räumen Sie unterwegs für jedes benötigte Teil das Unterste nach oben. Auch können Sie durch sinnvolles Packen vermeiden, immer alle Taschen öffnen zu müssen, weil beispielsweise Socken, T-Shirts und Hosen in verschiedenen Taschen verteilt sind. Da ich immer mit meiner Frau reise, bestehen bessere Möglichkeiten, Zelt und Küchenkram optimal zu verteilen. Schwere Gegenstände lagern zugunsten eines tiefen Schwerpunktes so weit wie möglich unten in den Taschen. Dauernd benötigte Teile liegen ganz oben.

Bei unseren Reisen hat sich für zwei Personen mit acht Fahrradtaschen folgendes Packschema bewährt:

Drei der vier Vorderradtaschen eignen sich besonders für die Kleidung. Es empfiehlt sich, folgendermaßen vorzugehen: Packen Sie in jede Tasche die gleichen Teile beider Personen ein, also jeweils T-Shirts, Socken, Unterhemden, Reservehandtücher und Radhosen von beiden gemischt. Auf diese Weise muss am nächsten Morgen nur eine statt mehrerer Taschen geöffnet werden, um frische Wäsche für beide hervorzuholen. Kulturbeutel, Handtücher, Schlafanzüge und eventuell das Fahrradschloss kommen in die vierte Vorderradtasche, die abends im Quartier komplett leer geräumt wird.

Je eine Hinterradtasche nimmt Schlafsack, Isomatten und Sitzkissen auf. Die Schlafsäcke lassen sich gut direkt in die Fahrradtaschen stopfen, vorausgesetzt, diese sind wirklich wasserdicht. Unsere selbstaufblasenden Isomatten bekommen wir durch mittiges Falten der Länge nach und anschließendes strammes Aufrollen sehr klein. Ein Spanngurt verhindert das Entrollen des kleinen Päckchens in der Tasche. Nahrungsmittel und Küchenutensilien sind ebenfalls in einer geräumigen Hinterradtasche gut aufbewahrt. In der letzten verfügbaren hinteren Packtasche verschwindet alles Sonstige.

Leichte Kleinteile, die Sie unterwegs häufig benötigen, und Wertsachen werden zusammen mit der Fotoausrüstung in der Lenkertasche verstaut.

Dünne Regenkleidung ist in gestopfter Form am kleinsten zu verstauen. Zusammen mit dem Werkzeug und den Regengamaschen finden diese Teile ideal in den hinteren Zusatztaschen Platz (☞ Packtaschen). Geld, Papiere und die Fahrradschlüssel verteilen Sie am besten auf mehrere Personen.

Sollten die Packtaschen wider Erwarten nicht groß genug sein, kann für das Verpacken weiterer Ausrüstungsgegenstände oder Kleidung nur ein absolut wasserdichter Kleidungssack mit Rollverschluss empfohlen werden, der mit einem Spanngurt aus festem Gewebe oben auf dem Gepäckträger verzurrt wird.

Alles dabei und gut verpackt (im Karwendel)

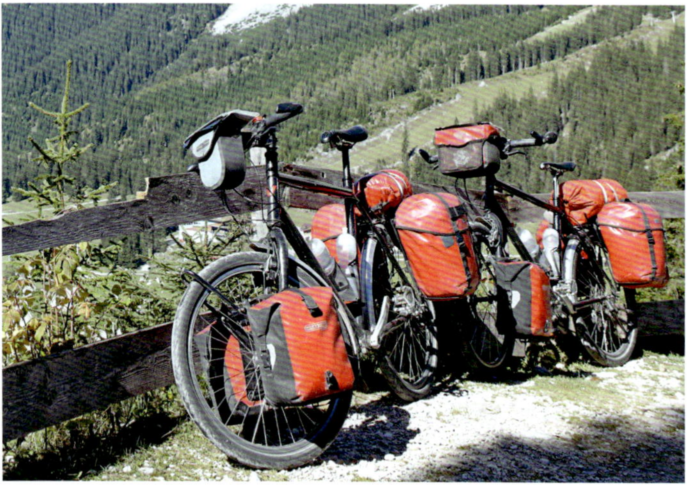

Auf Tour

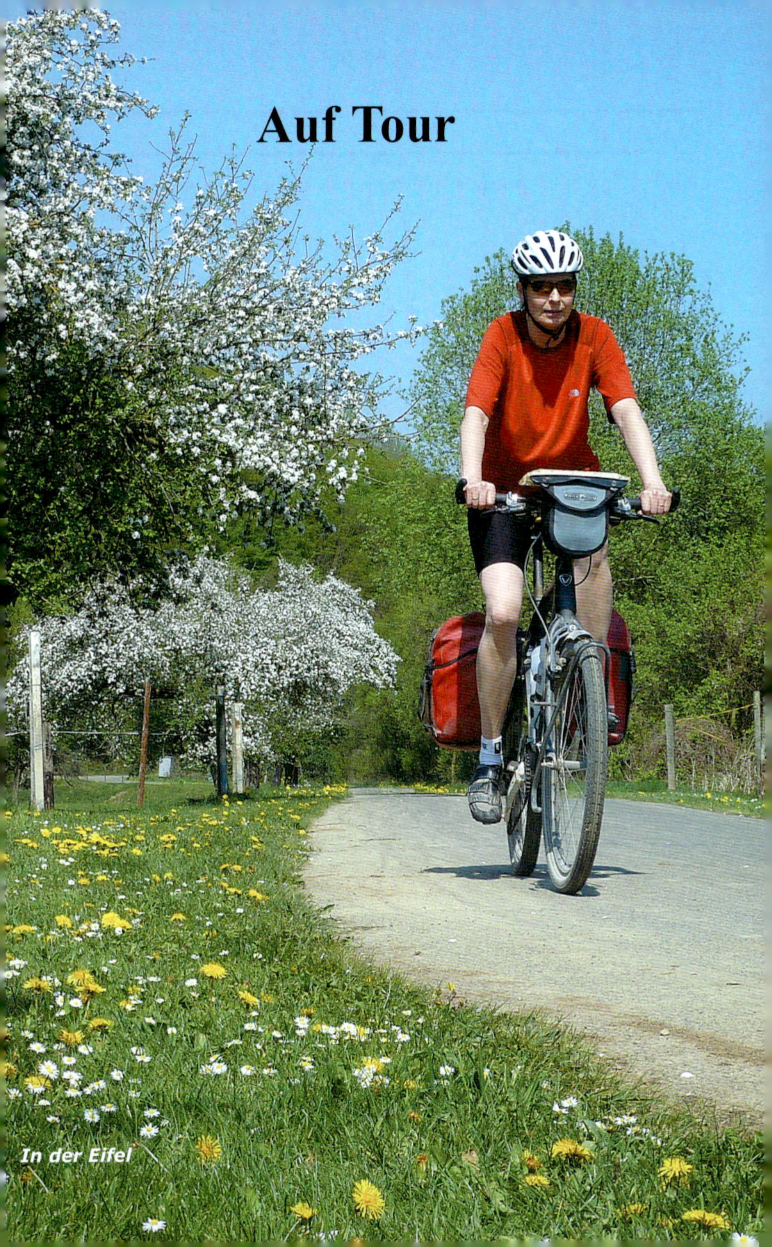

In der Eifel

Anreise

Für Ziele im nahen und mittleren Entfernungsbereich hat sich das Auto als unkompliziertes Transportmittel bewährt. Sobald mehrere Personen damit unterwegs sind, ist das Auto in der Regel auch die preiswerteste Möglichkeit, um zum Startpunkt zu kommen. Als Zubehör benötigen Sie lediglich einen stabilen Fahrradträger. Die Betriebsanleitung des Fahrzeugs gibt Auskunft über die Höchstgeschwindigkeit und die maximale Dachlast bei Verwendung eines Dachgepäckträgers. Neben dem Autodach wird auch der Rahmen der Fahrräder mit steigender Geschwindigkeit belastet. Problematisch sind die direkten Folgen des Fahrtwinds, der Staub und Nässe mit viel Energie in die Lagerstellen drückt. Besonders das Steuerkopflager ist dabei betroffen. Das Innenlager, die Pedale und die Naben sind bei hochwertiger Ausführung durch ihre bessere Abdichtung geschützt. Ich habe mir angewöhnt, auf jeder längeren Autofahrt das Steuerrohr mit einer Kunststofffolie abzudecken. Sind die Räder mit Ledersätteln ausgerüstet, bieten wasserdichte Sattelhauben den unbedingt notwendigen Schutz vor Nässe. Optimal ist die Nutzung einer Anhängerkupplung mit entsprechendem Fahrradträger.

☺ Um das Auto für die Zeit der Radreise relativ sicher abzustellen, suchen wir uns einen Parkplatz in Sichtweite einer Polizeiwache oder mitten in einer ruhigen, gehobenen Wohngegend am Stadtrand. Eine gute Abstellmöglichkeit ist auch ein Campingplatz. Wenn Sie dort die erste Nacht verbracht haben, dürfen Sie außerhalb der Hauptferienzeiten meistens kostenlos oder für eine geringe Gebühr das Auto innerhalb der Einzäunung bis zum Ende der Reise stehen lassen. Eine weitere Möglichkeit ist das sichere Abstellen des Pkw auf den eingezäunten kostenpflichtigen Parkplätzen von Flughäfen, wobei die kleineren Airports meist deutlich geringere Parkgebühren verlangen als internationale Großflughäfen.

Auch auf einer Flug- oder Bahnreise kann kurzzeitiges Ausweichen auf das Auto sinnvoll oder notwendig werden, etwa wenn Sie zum Abschluss der Reise wieder zum Ankunftsflughafen oder -bahnhof zurückkehren müssen und dies mit dem Fahrrad nicht schaffen. Auch können Sie mit

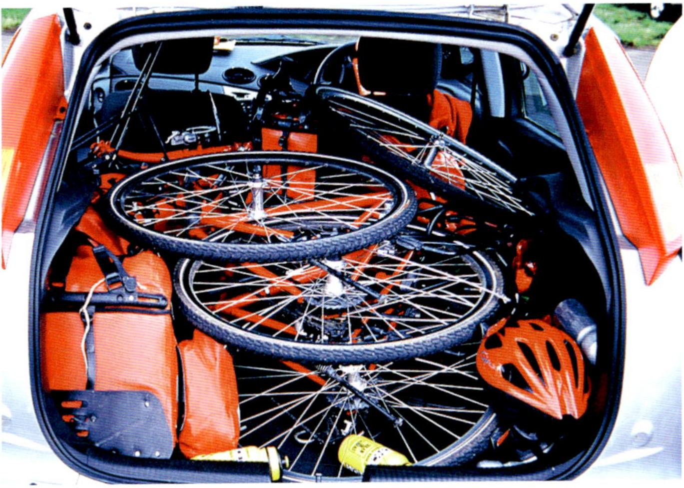

Zwei Radler, zwei Räder und acht Taschen passen sogar in kleine Autos

einem Auto langweilige Abschnitte auf der Radreise zeitsparend überspringen. Daher ist es sinnvoll, auch auf der Radreise den Führerschein mitzuführen, um bei Bedarf auf einen Leihwagen ausweichen zu können. Wenn Sie allein oder zu zweit reisen, genügt für den Transport von Fahrrad und Ausrüstung neben einem Kombi zur Not sogar ein Kleinwagen mit umklappbarer Rückbank. Hierzu müssen Sie jedoch in der Regel die Laufräder, das hintere Schutzblech und den Sattel demontieren und jede Staumöglichkeit im Fahrzeug ausnutzen.

Das Schiff als Transportmittel bietet sich hauptsächlich für die Überbrückung von Teilstrecken an. Aktuelle Fahrpläne und Preise sind im Internet abrufbar und für große Reedereien auch in Reisebüros in Form von Broschüren erhältlich. Außerdem geben Automobilklubs Auskunft. Längere Reisen erfordern einen verhältnismäßig großen Zeitaufwand und sind in der Regel sehr teuer. Probleme mit der Fahrradmitnahme gibt es in den seltensten Fällen und oft reisen die Fahrräder sogar kostenlos mit. Einen Engpass stellen in der Hauptreisezeit die Kabinenplätze dar, deren Buchung bei

Nachtpassagen auf einigen Strecken vorgeschrieben ist. Im Sommer oder in südlichen Ländern buche ich, wenn möglich, nur eine Deckpassage. Nachts stelle ich dann in einer windgeschützten Ecke zwei Liegestühle zusammen, lege meine Isomatte als Unterlage darauf und habe so ein passables Bett. Für die kühlen Nachtstunden ist es vorteilhaft, auch den Schlafsack mit an Deck zu nehmen. Probleme bei der Fahrradmitnahme gibt es häufig auf Schnellfähren für reinen Personenverkehr. Auf diesen Booten ist oft kein Platz für das Abstellen der Räder vorhanden.

✈ Bei weit entfernten Zielen ist für die Anreise fast ausschließlich das Flugzeug interessant, wobei in der Regel zusätzlich eine Anfahrt zum Flughafen mit dem Auto zu organisieren ist. Eine Anfahrt zum Airport mit der Bahn gestaltet sich schwierig, wenn von der Fluggesellschaft ein Karton als Verpackung für das Fahrrad vorgeschrieben wird und dieser nicht am Flughafen erhältlich ist.

☺ Ich empfinde es als sehr angenehm, bereits am Vorabend zum Flughafen zu reisen, um die Fahrräder dort ohne Stress in aller Ruhe zu verpacken. Wenn möglich gebe ich die Fahrräder dann bereits beim Vorabend-Check-in der Fluggesellschaft auf und erhalte dort schon die Bordkarten für den nächsten Tag. Wenn dies nicht möglich ist, gebe ich die verpackten Fahrräder in die Gepäckaufbewahrung, die in vielen großen Flughäfen vorhanden ist. Bei weiter entfernten Flughäfen buche ich ein Airporthotel mit einem sogenannten „sleep, park and fly"-Arrangement. Hier verbringe ich die Nacht und fahre am nächsten Tag nach dem Frühstück gemütlich ohne Gepäck per Shuttlebus zum Terminal. Vielfach sind diese Arrangements für eine Übernachtung und mehrere Wochen Parken auf dem Hotelparkplatz günstiger als die reine Parkgebühr auf den Flughafenparkplätzen.

Für Bewohner der Grenzgebiete zu den Nachbarländern kann der Start aus dem Ausland finanzielle und terminliche Vorteile bringen.

Für Linien- und Charterflüge sind unterschiedliche Bedingungen zu beachten. In jedem Fall muss der Transport des Fahrrads bereits bei der Buchung bei der Fluggesellschaft angemeldet und zur eigenen Sicherheit unbedingt von dieser schriftlich bestätigt werden. Das Beste ist, sich diese

Bestätigung sofort per E-Mail ins Reisebüro senden zu lassen. Bei einer Buchung über das Internet ist die Anmeldung des Rads online oft nicht zusammen mit der Buchung vorgesehen, sondern muss nachträglich vorgenommen werden. Hier ist es sicherer, sich im Internet einen Flug auszusuchen und vor der Buchung telefonisch mit der Airline abzuklären, ob im Flugzeug noch ausreichend Platz für die Mitnahme von Fahrrädern vorhanden ist. So vermeiden Sie Schwierigkeiten und sind sicher, dass das Fahrrad im gleichen Flieger mitgenommen wird. Die Bestätigung des Fahrradtransports wird dann normalerweise nach der Buchung sofort per E-Mail zugeschickt.

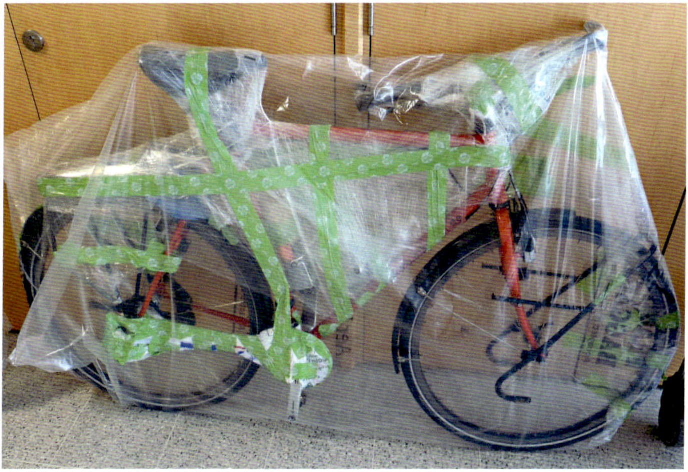

So „verpackt" kamen die Räder auch ohne Karton im Flugzeug mit

Vor der Buchung ist unbedingt die vorgeschriebene Verpackung des Fahrrads in Erfahrung zu bringen, die von Fluggesellschaft zu Fluggesellschaft variiert. Verlassen Sie sich nicht auf die Meinung des Reisebüropersonals, sondern lassen Sie bei der Fluggesellschaft in Ihrem Beisein diesbezüglich anrufen. Nur wenige Reisebüros haben Erfahrung mit der Buchung von Flügen mit einem Fahrrad im Gepäck, also Vorsicht! Alternativ können Sie die Bedingungen der betreffenden Airline für Sportgepäck im Internet abrufen. Bei einigen Gesellschaften besteht eine generelle Verpackungspflicht in Kartons oder speziellen Fahrradtaschen. Unverpackt werden Fahrräder dann auf keinen Fall transportiert. Von sehr wenigen Fluggesellschaften werden spezielle Radkartons gegen ein geringes Entgelt zur Verfügung gestellt, in denen das Fahrrad nach Demontage des Pedals komplett Platz findet. In einigen Flughäfen, wie zum Beispiel dem Flughafen Schiphol in Amsterdam, können Sie Fahrradkartons in der Gepäckaufbewahrung kaufen. Bestehen diese Möglichkeiten nicht, ist es notwendig, den vorgeschriebenen Karton beim heimischen Fahrradhändler zu besorgen und mitzubringen.

Die notwendige Kartongröße für ein nicht zerlegtes Fahrrad beträgt etwa 2 x 1 x 0,3 m. Wesentlich kleinere Kartons sind nur für Fahrräder mit demontierten Laufrädern, Gepäckträgern und Schutzblechen geeignet. Damit die riesige Kiste ins Auto passt, muss sie auf das passende Maß zurechtgefaltet werden. Das probiert man natürlich rechtzeitig vor der Abreise und nicht erst eine Stunde vor der Abfahrt! Vor dem Rückflug müssen Sie sich unbedingt wieder früh genug bei einem Fahrradhändler oder bei den Fluggesellschaften um die Verpackung kümmern. Wenn Sie vom selben Flughafen wieder zurückfliegen, können Sie den zusammengefalteten Karton bis zum Abflug auch in der Gepäckaufbewahrung abgeben. Wenn keine Gepäckaufbewahrung vorhanden ist, helfen die Werkstätten der Autoverleiher manchmal aus. Da der Karton über 5 kg wiegt, kann er schnell zur Überschreitung des Gepäcklimits beitragen, wobei dann schnell eine Übergepäckgebühr anfällt.

Der Fahrradtransport ohne Karton, sofern von der Fluggesellschaft erlaubt, ist meistens einfacher zu realisieren. Auch bei unverpackt transportierten Rädern sind die Pedale vor dem Flug zu entfernen und der Lenker um 90° zu drehen und so zu fixieren. Möchten Sie ein unverpacktes Fahrrad vor leichten Beschädigungen schützen, können Sie einige einfache Methoden anwenden. Das Beste ist das Umkleiden der Hauptrohre mit weichen Rohrisolierungen aus dem Baumarkt. Auch Luftpolsterfolien sind zum Schutz der Rahmenteile geeignet. Die vom Fahrradhandel angebotenen hauchdünnen Fahrradtransporttaschen eignen sich mehr dazu, das restliche Gepäck vor verschmutzten Fahrrädern zu schützen. Die Taschen täuschen dem Flughafenpersonal eine nicht vorhandene Schutzfunktion vor, was oft zu mangelnder Sorgfalt beim Verladen verführt. Hartschalenkoffer und dick gepolsterte Fahrradtransporttaschen sind für Rennräder gedacht, für Reiseräder jedoch zu klein und in passender Größe nicht erhältlich. Sie sind außerdem recht schwer, was die Menge des sonstigen Gepäcks auf dem Flug einschränkt. Schließlich sind sie – wie die Radkartons – zu voluminös, um sie auf der Tour mitzuführen.

Auch wenn kein Karton verbindlich gefordert wird, nutze ich nach Möglichkeit für den Hinflug diese Verpackungsart, um das Fahrrad auf jeden Fall ohne größere Schäden am Ziel vorzufinden. Für den Rückflug gebe ich das Fahrrad, sofern möglich, aber unverpackt auf. Ich habe die Erfahrung gemacht, dass Fahrräder ohne Karton am besten behandelt werden, wenn sie nicht verpackt, als solche gut erkennbar und zu tragen sind. Abgesehen von ein paar Lackschäden habe ich bisher keine Probleme ohne Verpackung gehabt. Allerdings wird es aufgrund steigender Reglementierungen immer schwieriger, ein Fahrrad ohne Karton im Flugzeug mitzunehmen.

Bei Charterflügen betragen die Freigrenzen für das normale Gepäck abhängig von der Airline zwischen 20 und 30 kg. Für einen zusätzlich zum Flugpreis zu zahlenden Pauschalbetrag sind Fahrräder und Kartons mit Gewichten zwischen 20 und 30 kg häufig mit dabei. Linienflüge erlauben abhängig vom Ziel zwischen 20 bis 64 kg Gewicht. Die obere Grenze gilt abhängig von der Airline teils für transatlantische Flüge, die untere für Routen nach Asien. Bei Überschreitung der Freigepäckgrenzen fallen für jedes Kilo an Mehrgewicht oft erhebliche Aufschläge an. Daher kann auch ein günstiger Flug bei ungünstigen Freigepäckgrenzen unter dem Strich teuer werden.

Die zwei bis vier aufzugebenden Packtaschen finden in einem festen, aber leichten und klein zu verpackenden Kunstfaserseesack Platz, da neben dem Fahrrad meistens nur ein weiteres Gepäckstück aufgegeben werden darf. Dieser Sack übt eine gute Schutzfunktion aus und wird nach dem Flug auf der Radreise zusammengefaltet unten in eine Hinterradtasche gelegt. Sollten Sie keinen Sack zur Verfügung haben, können Sie die Fahrradtaschen mit Spanngurten zusammenbinden und dann im Flughafen von den immer häufiger anzutreffenden Spezialfirmen in eine Schutzfolie einwickeln lassen. Im Notfall reicht auch ein stabiler Müllsack.

Ganz wichtig ist das Aufbewahren des Gepäckabschnitts bis zum Verlassen des Zielflughafens. Obwohl dieser Abschnitt nur sehr selten geprüft wird, kann es bei abhandengekommenem Gepäck ohne diesen Besitznachweis Probleme mit der Wiederbeschaffung oder Nachsendung geben. Nach der Ankunft ist es von Vorteil, sofort das Flughafenpersonal zu fragen, wo die Fahrräder bereitgestellt werden. Manchmal liegen die Fahrradkartons mit den Koffern auf dem Band, häufiger jedoch gibt es einen speziellen Sondergepäckschalter.

Checkliste Flugreisen

▷ Direkt- oder Nonstop-Flug?
▷ Falls nicht: Wird das Gepäck beim Umsteigen durchgecheckt?
▷ Falls nicht: Genügend Zeit fürs Umsteigen vorhanden?
▷ Maximales Gewicht und Größe für das Handgepäck?
▷ Wie viele Gepäckstücke sind erlaubt?
▷ Gibt es ein Gewichts-/Größenlimit?
▷ Fahrradverpackung vorgeschrieben (Karton wiegt über 5 kg)?
▷ Kosten für den Fahrradtransport? Flugkosten, Nebenkosten?
▷ Preisnachlässe bei Terminvariation?
▷ Schriftliche Bestätigung der Fahrradanmeldung bei Buchung!
▷ Einchecken am Vorabend möglich?
▷ Falls nicht: Gepäckaufbewahrung vorhanden?
▷ Anfahrt zum Flughafen und Rückfahrt vom Flughafen gelöst?
▷ Übernachtung am Ziel bei später Ankunft geregelt?
▷ Verbleib der Verpackung am Ziel geklärt?

Die Eisenbahn ist auf Hauptstrecken oft eine gute Transportalternative. Regionale Nahverkehrszüge, wie Interregio-Express (IRE), Regional-Express (RE) oder Regionalbahn (RB), erlauben in Deutschland die Fahrradmitnahme bei Lösen einer Fahrradkarte ohne vorherige Reservierung. In vielen Verkehrsverbünden gibt es jedoch Sperrzeiten für die Fahrradmitnahme zu Zeiten des Berufsverkehrs. Außerdem sind die Stellplätze für Fahrräder in allen Zügen begrenzt, was zu Transportproblemen während der Hauptverkehrszeiten führen kann. In Fernverkehrszügen sind eine Stellplatzreservierung und eine Fahrradkarte für das Fahrrad erforderlich.

Im ICE können dagegen Fahrräder nur selten mitgenommen werden. Teilweise besteht auch die Möglichkeit, das Fahrrad als Gepäck einige Tage vorher aufzugeben. Da sich die Bedingungen auf den verschiedenen Strecken laufend ändern, ist eine ausführliche Beratung bei der Bahn oder in einem guten Reisebüro im Vorfeld der Reise unerlässlich. Eine rechtzeitige Buchung ist speziell auf langen Strecken und an den Wochenenden wegen der begrenzten Transportkapazitäten für Fahrräder dringend anzuraten. Sehr interessant können auch die Nachtzüge der Bahn sein, die mit Schlaf- und Liegewagen sowie einem Fahrradabteil sogar bis ins Ausland führen. Auf diese Weise können Sie eine Übernachtung sparen und kommen ausgeruht am Ziel an.

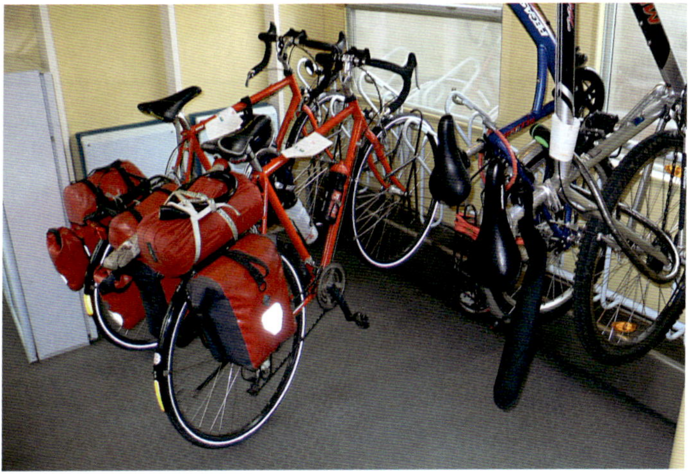

In der Bahn lassen sich die Räder gut transportieren

☺ Auskunft erhalten Sie in Deutschland an jedem größeren Bahnhof. Außerdem können Sie die aktuellen Informationen auch über das Internet in Erfahrung bringen (💻 www.bahn.de, unter „Service/Fahrrad"). Unter der gleichen Internetadresse bietet die Bahn bei der Abfrage der Zugverbindungen die Möglichkeit, ausschließlich Züge mit Fahrradbeförderung auszuwählen.

Zu guter Letzt ist noch der Transport mit dem Bus zu erwähnen. Besonders bei Linienbussen für Langstrecken gibt es immer wieder Probleme mit dem Stauraum, der nur auf eine begrenzte Anzahl von Koffern ausgelegt ist. Teilweise werden Fahrräder überhaupt nicht transportiert oder das Abdecken der gefetteten Antriebsteile, das Entfernen der Pedale oder gar eine komplette Verpackung gefordert. Bei den Billigbuslinien, z. B. Flixbus (☞ Weblinks), gibt es teilweise außen liegende Fahrradträger in sehr begrenzter Anzahl, die Sie unbedingt vorbuchen sollten. Das Problem „Fahrradtransport" haben einige findige Reiseveranstalter erkannt und spezielle Fahrradbusse kreiert. Hiermit transportieren sie die Fahrräder in einem speziellen Anhänger in europäische Radreisegebiete, auch wenn Sie nur an der Anreise interessiert sind und ansonsten die Reise selbst organisieren möchten.

Verpflegung

Auf gemütlichen Wochenendtouren werden Sie sicherlich keine besondere Rücksicht auf einen ausgewogenen Speiseplan nehmen müssen. Mit steigender Reisedauer und körperlicher Anforderung gewinnt dieses Thema jedoch für den Radreisenden an Bedeutung.

Radfahrer sollten besonders auf anstrengenden Reisen bei der Ernährung großen Wert auf einen hohen Anteil an Kohlehydraten, Milchprodukten sowie Obst und Gemüse legen. Doch nicht nur die Zusammensetzung, sondern auch der Zeitpunkt der Mahlzeiten ist von Bedeutung für die Leistungsfähigkeit. Niemand sollte mit einem leeren Magen am Morgen auf das Fahrrad steigen. Ansonsten kann schon nach wenigen Kilometern die Kraft plötzlich nachlassen, was eine Zwangspause unausweichlich macht. Dem Verlust von Mineralien, die durch vermehrte Schweißbildung ausgeschwemmt werden, muss durch angemessene (Mineral-)Wassermengen begegnet werden.

Für ein Frühstück eignen sich neben alltäglichen Zusammensetzungen besonders Müsli, Vollkornbrote oder auch eine Portion Bratkartoffeln mit Rührei, wie sie z. B. in England und den USA überall angeboten wird. Als Abschluss wähle ich so oft wie möglich einen Becher Quark oder Joghurt. Gemahlenen Kaffee, Filtertüten und einen passenden Halter mitzunehmen, erachte ich als zu umständlich und außerdem als Platzverschwendung. Um nicht auf den morgendlichen Kaffee verzichten zu müssen, weiche ich auf Reisen häufig auf gefriergetrockneten Instantkaffee aus. In passenden Weithalsbehältern aus leichtem, unzerbrechlichem Kunststoff bleibt er auch über längere Zeit frisch. In solchen Behältern bewahre ich auch die Trockenmilch auf.

Unterwegs sind mehrere kleine Mahlzeiten wenigen großen vorzuziehen, um Leistungstiefs vorzubeugen. Nach einem anstrengenden Tag gilt es, den Energiespeicher schnell wieder aufzufüllen. Hierzu sind vor allem wieder kohlehydratreiche Speisen in der Lage. Beispiele für solche stärkenden Mahlzeiten sind Kartoffel- oder Nudelgerichte, Reisspeisen oder auch Eintöpfe. Grundsätzlich ist auch eine Notreserve in der Hinterradtasche für Hungerattacken empfehlenswert. Hierfür eignen sich insbesondere stark sättigende Müsliriegel mit einem hohen Anteil Haferflocken. Sie sollten rechtzeitig vor der Reise ausprobieren, was Ihnen schmeckt, bekommt und was weiterbringt und dabei auch die Angaben zum Kaloriengehalt vergleichen, die auf der Verpackung aufgedruckt sind.

Solche Frühstücke vor einem Minimarkt waren in Japan die Regel

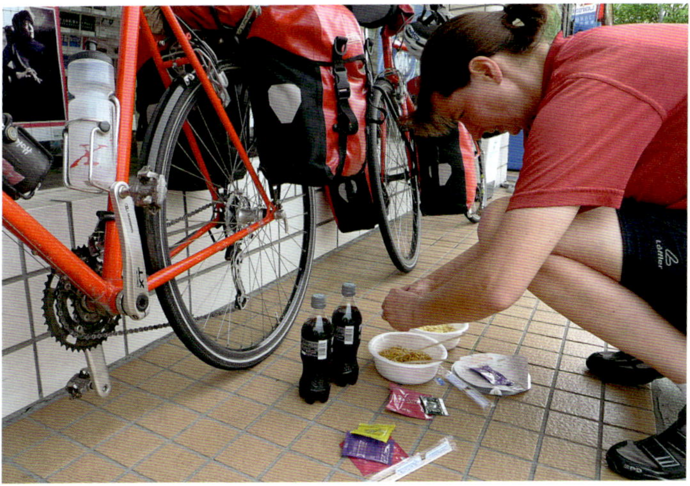

Während der Radler in westeuropäischen Gefilden selten Probleme mit einer ausgewogenen Ernährung haben wird, sieht das in abgelegenen Gebieten manchmal anders aus. Frisches Obst und Gemüse sind nicht überall erhältlich und auch die Grundversorgung ist nicht an jedem Tag gesichert. Aus diesem Grund gehört in solchen Gebieten immer ein Lebensmittelvorrat für mehrere Tage in die „Küchentasche“. Leicht, platzsparend, aber teuer sind gefriergetrocknete Gerichte, wie sie bei guten Ausrüstern erhältlich sind. Nicht schlechter finde ich preiswerte Tütengerichte aus dem Discounter, deren Vorteil die kurze Garzeit ist. Sehr nahrhaft und kompakt in der Verpackung sind Reisgerichte. Als Fünfminutenreis benötigen diese wenig Brennstoff und sind schnell zubereitet. Nach kurzem Aufkochen reicht schon das Ziehenlassen bei kleinster Flamme für den Garvorgang aus. Reis eignet sich hervorragend als Grundlage für leckere Suppen oder auch Risottos und sättigt sehr gut.

An kalten Tagen kann eine heiße Brühe vor dem Schlafengehen wieder wohlige Wärme in die Glieder zurückbringen. Radler, die abends wild zelten wollen, sind gut beraten, beizeiten den Wasservorrat aufzufüllen. Ansonsten kann es lange Gesichter geben, wenn das restliche Wasser nicht mehr für den Kaffee am nächsten Morgen reicht. Überkommt den Radwanderer der Hunger und gibt die Küchentasche abseits von Supermärkten bzw. Einkehrmöglichkeiten oder an Sonn- und Feiertagen nichts mehr her, helfen fast überall auf der Welt Tankstellen mit einem kleinen Snack oder Fertiggerichten.

Neben der Nahrungsaufnahme gehört auch regelmäßiges Trinken zu den Pflichten des Radfahrers. Genauso wie beim Essen gilt hier der Grundsatz: Lieber oft und wenig als selten übermäßig trinken. Alkohol vermindert die Leistungsfähigkeit und sollte zumindest tagsüber auf der Radreise tabu sein. Wasser aus offenen Gewässern sollte zur Vermeidung von Unwohlsein und Durchfall durch Abkochen, durch Filter oder mit speziellen chemischen Präparaten entkeimt werden. Zum Mineralienausgleich kann der Radler in Absprache mit seinem Hausarzt zu Vitamin- und Mineraltabletten greifen, auch wenn deren Wirkung teils umstritten ist. Das gilt insbesondere, wenn Sie nach dem Sport zu Muskelkrämpfen neigen.

Wer Getränke mit Kohlensäure bevorzugt, muss auf Trinkflaschen mit absolut dichtem Schraubverschluss achten. Normale Radflaschen und Aluflaschen mit Mundstück halten nicht dicht. Bei Fahrradflaschen aus Kunststoff kann sich bei Überdruck außerdem der Verschluss während der Fahrt explosionsartig von der Flasche lösen, was unter Umständen kritische Fahrsituationen heraufbeschwören kann! Um Geschmack an das Getränk zu bekommen, ist die Zugabe von etwas Fruchtsaft möglich. Wegen des hohen Zuckergehalts sollten Sie auf die ausschließliche Flüssigkeitszufuhr durch Säfte oder Limonaden verzichten.

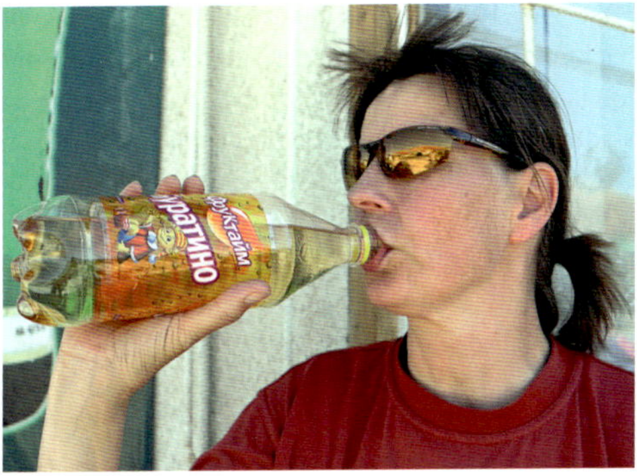

Auch in Kirgisistan haben wir uns zwischendurch eine Limo gegönnt

Unterkunft

Neben Übernachtungen in Hotels, Gasthöfen, Pensionen, Jugendherbergen, Naturfreundehäusern und sonstigen Unterkünften bietet sich vor allem das eigene Zelt als unkomplizierte Schlafstätte an. Die Übernachtung unter freiem Himmel hat außerdem erhebliche Kostenvorteile, sodass sie von vielen Radlern bevorzugt wird. Außerdem können Sie mit dem Zelt im Gepäck bei Bedarf immer noch auf andere Übernachtungsformen ausweichen. Ob Sie die Unterkünfte im Voraus buchen sollten, hängt davon ab, wie flexibel Sie auf der Tour bleiben möchten.

Adressen und Beschreibungen der Übernachtungsstätten finden sich über die gängigen Apps auf dem Mobiltelefon, in einschlägigen Führern oder in den Unterlagen der Fremdenverkehrsämter. Außerdem sind bei folgenden Organisationen Übersichten über verfügbare Übernachtungsstellen erhältlich:

Jugendherbergen sind nicht nur in Deutschland eine günstige Übernachtungsalternative auf der Radreise. Neben dem günstigen Übernachtungspreis ist der Vorteil von Jugendherbergen, dass sie besonders in Großstädten oft recht zentral liegen. Dabei haben sie fast überall ihr muffiges Ambiente abgestreift und zeigen sich in modernem Glanz. Auch ist es mittlerweile häufig möglich, Doppel- oder Mehrbettzimmer für die Familie zu buchen. Die Jahresgebühr für die Mitgliedschaft ist gering und für Familien reduziert. Deutsche und internationale Jugendherbergen können Sie am besten über das Internet heraussuchen und buchen (www.jugendherberge.de).

Der ADFC gibt für Deutschland und einige Anrainerstaaten ein Verzeichnis fahrradfreundlicher Übernachtungsbetriebe heraus, das mittlerweile über 5.800 Einträge enthält. Dabei dürfen nur Betriebe das Bett+Bike-Symbol führen, die die ADFC-Qualitätskriterien erfüllen (www.bettundbike.de). Zu den Qualitätskriterien gehören unter anderem: Aufnahme für eine Nacht, abschließbarer Fahrradraum, Raum zum Trocknen der Kleidung und Ausrüstung, Vorhalten eines Basisreparatursets und ein vollwertiges Frühstück.

Für die Unterkunftssuche unterwegs gibt es eine sehr übersichtliche Bett+Bike-App für das Smartphone.

Auch der Touristenverein „Die Naturfreunde" bietet weltweit über 1.000 günstige Möglichkeiten für eine Übernachtung an. Teilweise befinden sich die Häuser, wie zum Beispiel in Zermatt, in traumhafter Lage! Eine Suchfunktion für die über 400 Häusern in Deutschland können Sie auf der Internetseite der Naturfreunde finden (www.naturfreunde.de).

Hotels, Pensionen usw. sind in der Saison oft stark belegt, sodass es ohne Buchung an touristischen Brennpunkten zu Schwierigkeiten kommen kann. Eine Festbuchung im Vorfeld des Urlaubs ist aber für eine Radreise nur bei Touren mit wenigen und kurzen Etappen akzeptabel. Sie müssen dann sicher sein, das gesteckte Ziel auch nach einer Panne noch erreichen zu können. Ansonsten platzt unter Umständen die ganze Planung der restlichen Strecke. Außerdem verlieren Sie durch eine Vorbuchung über den nächsten Tag hinaus Ihre Unabhängigkeit, um die Tour kurzfristig an die örtlichen Gegebenheiten anzupassen.

⛺ Die naturnahe Übernachtung im Zelt passt aus meiner Sicht am besten zu einer Radreise. Dabei ist vor allem der Stellplatz wohl zu überlegen. Ein wilder Stellplatz darf nie von der Straße aus sichtbar sein und ist weit genug entfernt von Siedlungen zu wählen. Bleiben Sie auf einem gewerblichen Campingplatz, haben Sie auf kleineren Anlagen meistens günstigere Preise und mehr Ruhe als auf großen Ferienplätzen. Dabei steigt der Preis nicht selten linear mit der Anzahl der Beurteilungssterne.

Der Standort des Zelts ist ideal, wenn die Morgensonne so zeitig wie möglich das Zelt erreicht. Dann ist es schon in der Frühe recht warm im Innern und Feuchtigkeit durch Tau und Atem kann bereits während des Frühstücks abtrocknen. Das gewissenhafte Absuchen des Standplatzes nach Dornen, Ästen und spitzen Steinen schützt den Zeltboden vor Beschädigungen. Um das nächtliche Wegrollen beim Liegen einzuschränken, darf

Mit dem Zelt in Kirgisistan: Beim Campen in freier Wildbahn verzichtet man gerne auf etwas Komfort

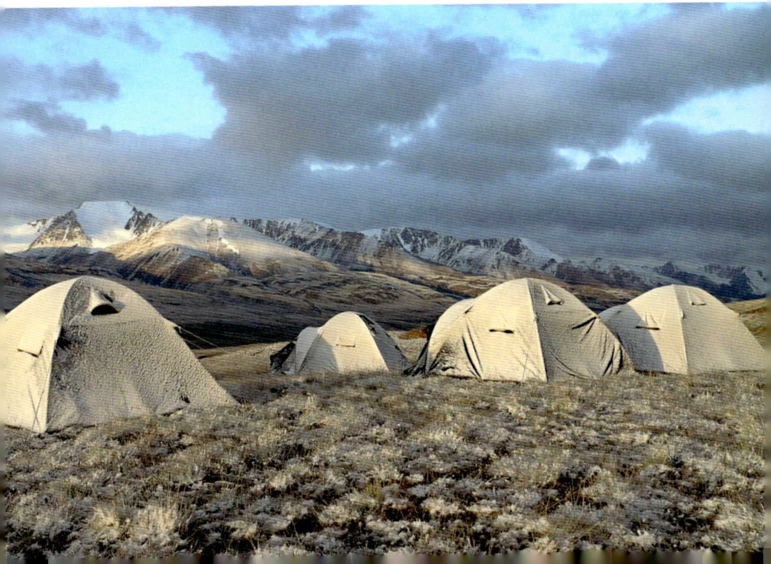

die Liegefläche nicht zu schräg sein. Kuhlen sind unbedingt zu meiden, da dort das Zelt bei starkem Regen leicht überschwemmt wird. Direkt unter Bäumen gibt es Probleme mit Harz und Vogelkot. Außerdem tropft noch Stunden nach dem letzten Regenschauer Wasser auf das Zelt, was unruhigen Naturen leicht den Schlaf rauben kann.

In der Nähe von Toiletten finden Sie wenig Ruhe, da die ganze Nacht über das Laufen der Leute zu hören ist, Türen schlagen und die Wasserspülung betätigt wird. Besonders unangenehm wird es, wenn der Weg zu den Sanitärgebäuden mit Kies oder Schotter gedeckt ist. Dann hören Sie jeden Schritt doppelt so laut.

☝ Achten Sie darauf, dass kein Reisemobil mit Schiebetüren neben Ihnen steht. Sonst ist es vorprogrammiert, regelmäßig unsanft aus dem Schlaf geholt zu werden. Solche Türen, wie sie zum Beispiel bei VW-Bussen weitverbreitet sind, lassen sich nicht leise schließen! Ausreichenden Abstand halten!

☺ Wer noch nie ein Zelt aufgebaut hat, tut gut daran, es nicht erst am ersten Abend der Radreise zu probieren. Nach einem Test zu Hause wissen Sie, wie es funktioniert und ob alles vollständig ist. Dumm wäre es, im Sturm oder bei starkem Regen ein unbekanntes Zelt aufbauen zu müssen.

Für alle Übernachtungsformen gilt: Früh losfahren und beizeiten die vorgesehene Unterkunft anfahren. Denn ist diese belegt, gefällt sie Ihnen nicht oder haben Sie vielleicht noch Lust weiterzufahren, kann die Zeit noch vor Einbruch der Dunkelheit für die nächste Herberge reichen. Ein ideales Reiseziel in diesem Sinne stellt für zeltende Radwanderer Skandinavien dar. Da es dort im Sommer überhaupt nicht richtig dunkel wird, können Sie den Radeltag individuell nach den eigenen Wünschen gestalten, was insbesondere bei Mitnahme eines Zeltes gilt.

Sollte der seltene Fall eintreten, dass keine Übernachtungsstätte gefunden wird, helfen nur noch unkonventionelle Ideen weiter. Beispielsweise können Sie eine besetzte Feuerwache ansprechen. Hier sind manchmal Gästezimmer für wenig Geld verfügbar. Vielleicht hilft auch der nächste

Pfarrer mit einem Bett oder einem Stellplatz für das Zelt in seinem Garten aus der Patsche. Ruderklubs an Flüssen und Kanälen besitzen oft am Vereinshaus eine Zeltmöglichkeit für ihre Mitglieder. Ein Radwanderer ohne Bleibe wird hier bestimmt nicht wieder weggeschickt. Hilft das alles nichts, bleibt nur das Wildzelten übrig. Beachten Sie dabei immer Schutzgebiete sowie Ruhezonen und nehmen Sie am nächsten Morgen bitte Ihren Müll mit.

Reisekasse

Beste Dienste leistet auf meinen Reisen neben Bargeld immer noch das gute alte Postsparbuch, das es seit Jahren nur noch in Form einer modernen Post-Sparcard gibt. Sie zahlen vor der Reise am Postamt eine beliebige Summe ein. Nun können Sie mit der Karte nicht nur in kleinsten Dörfern, sondern auch außerhalb der Geschäftszeiten an Geldautomaten mit dem Visa-Plus-Zeichen Bargeld ziehen. Der größte Vorteil der Post-Sparcard ist die gebührenfreie Bargeldauszahlung im Ausland für eine festgelegte Anzahl an Abhebungen pro Jahr! Für größere Ausgaben wie Fährtickets, Besichtigungstouren, teure Souvenirs oder andere Käufe nehme ich zusätzlich eine Maestro-Karte mit. Für den Fall der Fälle können Sie damit auch nachts oder am Wochenende an vielen Geldautomaten an Bargeld kommen. Allerdings kostet das in der Regel Gebühren.

Maestro-, Bank-, und Kreditkarten haben ein tägliches und monatliches Verfügungslimit für Zahlungen und die Bargeldabhebung, das kunden- und bankspezifisch variiert. Vor der Reise also unbedingt prüfen, ob das Limit ausreicht!

In vielen Staaten können Sie immer noch mit Travellerschecks in der Landeswährung wie mit Bargeld bezahlen oder den Scheck bei einer Bank gegen Bargeld eintauschen. Bei Verlust bekommen Sie kostenlos umgehend neue Schecks ausgehändigt, was sie bei einer geringen Verkaufsgebühr sehr sicher macht (☞ Weblinks).

Reisen mehrere Personen zusammen, ist eine sinnvolle und gleichmäßige Verteilung der Finanzmittel vorzunehmen. Bei Partnern ist es nicht klug, alle Mittel auf eine Person zu konzentrieren. In einem solchen Fall kann es beispielsweise zu großen Problemen kommen, wenn ein Partner verunglückt oder sich auch nur die Hand bricht und deshalb keine Unterschrift leisten kann. Laufen Post-Sparcard, EC-Karte, Kreditkarte und Travellerschecks dann nur auf einen Namen, wird es fast unmöglich sein, an Geld heranzukommen.

Wo bringt der Radler nun am besten seine Reisekasse unter? Ein wenig Bargeld findet schnell erreichbar in der Lenkertasche Platz. Für Schecks oder Kreditkarten ist das jedoch aus Sicherheitsgründen nicht der richtige Ort. Viele werden nun an den bewährten Brustbeutel aus der Jugendzeit denken. Lassen Sie speziell als Radler die Finger davon. Die dünnen Bänder schnüren am Hals ein und scheuern die Haut wund. Außerdem ist es unangenehm, den dicken Beutel auf schweißnasser Haut zu tragen und das Baumeln während der Fahrt zu spüren. Auch bezweifle ich die Sicherheit eines solchen Teils, da es auch unter der Kleidung zu sehen und die Nutzung recht umständlich ist.

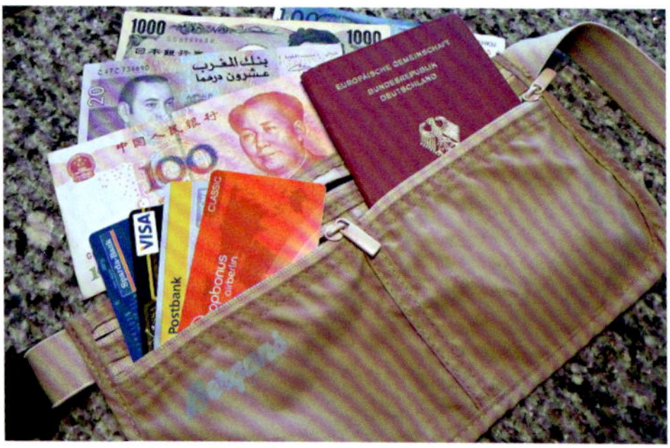

Geld, Kreditkarte und Dokumente sind gut in einer Bauchtasche aufgehoben

Für die Ansprüche des Radwanderers erscheint mir die sogenannte Geldkatze, eine flache Bauchtasche mit Gurt, besser geeignet zu sein. Direkt in Hüfthöhe unter der Hose getragen stört sie nicht, ist unsichtbar und bei Bedarf sehr gut zugänglich. Einige Hersteller bieten sogar wasserdichte Ausführungen an, die aber zu stark auftragen. Ich bevorzuge ein dünnes Modell aus Baumwolle. Um die Papiere nicht durch Regen oder Schweiß aufzuweichen, habe ich die Geldkatze innen mit zurechtgeschnittenen Gefrierbeuteln ausgekleidet.

Fotografieren

Bei längeren Belichtungszeiten verwackelt man das Bild trotz Bildstabilisatoren oft durch die Bewegung beim Druck auf den Auslöser. Haben Sie kein Stativ dabei, hilft das Benutzen des Selbstauslösers, die Unschärfe zu vermeiden. So können Sie die Kamera besser ruhig halten.

Bei der Motivwahl bringen das Fahrrad oder ein Teil davon interessante Möglichkeiten hervor. Schöne Bilder gelingen selten durch Zufall. Es muss vielmehr eine bewusste Motivwahl erfolgen, ansonsten haben Sie nach der Reise nur Standardmotive. Bewegte Motive werden bei möglichst kurzen Verschlusszeiten scharf abgebildet. Versuchen Sie, das gleiche Motiv mit anderer Brennweite und Schärfentiefe zu variieren. Gehen Sie auch mal weiter vom Motiv weg, um es dann wieder heranzuzoomen. Das bringt einen entfernten Hintergrund optisch näher an das Hauptelement im Vordergrund des Bildes heran.

Fahren Sie mit einem Partner, sollte jeder von Ihnen eine eigene Kamera mit sich führen. Gerade unterschiedliche Blickwinkel, Vorlieben

Mit einem Teil des Rads im Bild wirkt ein Foto interessanter

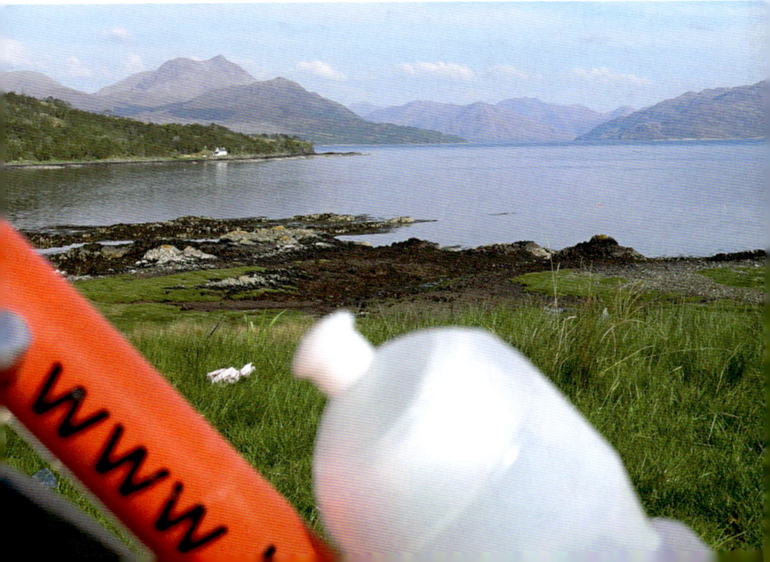

und eingesetzte Brennweiten lassen die Bilder der Tour interessanter werden.

Fahrtechnik

Auch bei einem scheinbar banalen Vorgang wie dem Radreisen gibt es einige Details zu beachten, die ein sicheres und einfaches Fortkommen ermöglichen. Bereits beim Aufsteigen können Probleme auftreten, wenn Sie nicht wenigstens eine Handbremse anziehen. Ansonsten rollt das Fahrrad unter ungünstigen Umständen und eingeschlagener Lenkung zur Seite weg. Bei schwerer Beladung können Sie es dann unter Umständen nicht mehr halten und es stürzt um.

Bei einer Notbremsung werden durch gleichzeitige Betätigung beider Bremsen wertvolle Meter gewonnen. Ansonsten sollte die Vorderbremse bevorzugt zur Verzögerung eingesetzt werden, da diese durch die stärkere Belastung des Vorderrads nicht so schnell blockiert und besser anspricht.

Auch exotische Verkehrszeichen lassen sich deuten – Stoppschild in Marokko

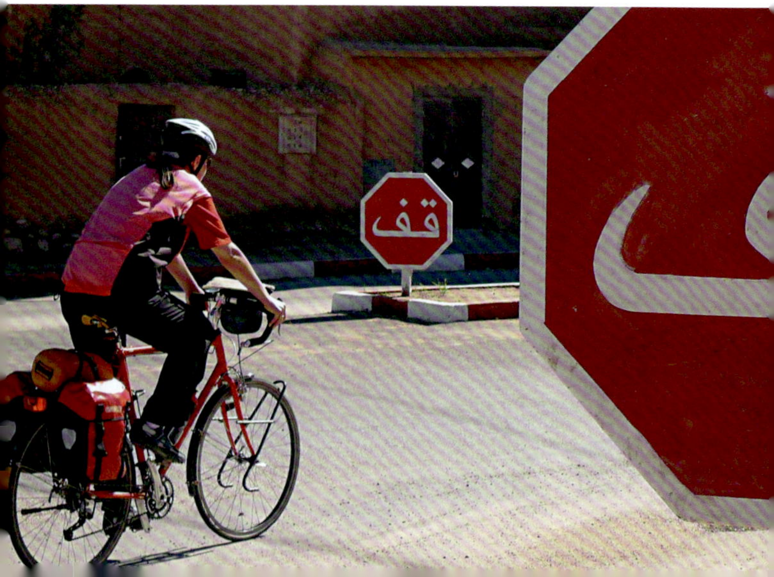

Das Hinterrad hingegen blockiert recht schnell und bricht dann seitlich aus. Wird die Bremse jetzt nicht sofort wieder gelockert, ist ein Sturz nur sehr schwer zu vermeiden.

Vielfach sieht man Radler zum Anhalten vom noch rollenden Fahrrad abspringen. Mit beladenem Fahrrad kann dieses Verhalten zu schweren Stürzen führen. Also unbedingt erst nach Stillstand des Fahrrads absteigen!

Kettenschaltungen mit 27 und mehr Gängen lassen ein lockeres Strampeln mit optimaler Trittfrequenz bei fast allen Geschwindigkeiten zu. Flotte Fahrten in zu hohen Gängen bei niedriger Trittfrequenz sind dagegen sehr kraftraubend und lassen sich nicht über längere Zeit durchhalten. Etwa 80 bis 90 Kurbelumdrehungen pro Minute sollten angestrebt werden, da in diesem Bereich die Knie und Kraftreserven optimal geschont werden. Speziell Anfänger werden zu Beginn meistens bis zu 30 % darunter pedalieren. Diese müssen besonders auf ihre Trittfrequenz achten, bis das persönliche Optimum in Fleisch und Blut übergegangen ist. Mit dem richtigen Tritt und möglichst gleichmäßiger Fahrweise, ohne kraftraubende Zwischenspurts, lassen sich auch größere Distanzen leichter bewältigen. Bei zu vielen Pausen verlieren Sie schnell Ihren Tretrhythmus.

Anders verhält es sich am Berg. Bei Steigungen ab etwa 8 % ist ein lockeres Pedalieren meistens nicht mehr durchführbar, da hier die Möglichkeiten selbst der besten Schaltung ausgereizt sind. Jetzt gilt es, den persönlichen Rhythmus zu finden, der sich aus Atemfrequenz, Puls und Trittfrequenz ergibt. Falscher Ehrgeiz in Form von zu schnellem Fahren führt am Berg immer zu vorzeitiger Erschöpfung. Deshalb kann man nur raten, so langsam wie möglich zu beginnen. Haben Sie einmal Ihre optimale Trittfrequenz am Berg gefunden, können Sie diese etliche Kilometer lang durchhalten. Aus oben genannten Gründen ist das Fahren am Berg in einer Gruppe problematisch, da der Tretrhythmus mehrerer Personen selten gleich ist.

Sogar Radler mit jahrelanger Erfahrung fallen hin und wieder bei Nutzung von sogenannten Klickpedalen mit dem Fahrrad um, wenn sie nur einen Fuß aus der Arretierung ausrasten und dann das Gleichgewicht zur anderen Seite hin verlieren. Ein schwerer Unfall lässt sich vermeiden, wenn Sie vor dem Anhalten zuerst mit dem linken Fuß ausrasten. So stützen Sie sich mit dem linken Fuß im Stand ab und können normalerweise nur noch zur rechten Seite fallen, die fast immer vom Verkehr abgewandt ist. Andersherum würden Sie nach links in den Verkehr hineinfallen.

Idealerweise klicken Sie auf einem vollbeladenen Reiserad vor jedem Halten aus beiden Pedalen aus und steigen dann vom Sattel.

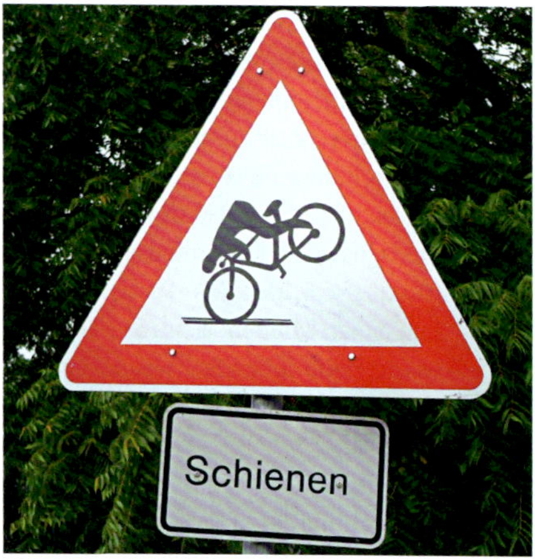

Auch Schienen ist besondere Aufmerksamkeit zu widmen. Diese sollten unter Beachtung des rückwärtigen Verkehrs im rechten Winkel oder zumindest in möglichst großem Winkel überfahren werden, um einen Sturz zu vermeiden. Dabei ist die Geschwindigkeit soweit wie möglich zu drosseln. Bei Nässe sind die glatten Gleiskörper besonders tückisch. Die Straße querende Gleise sind, wie häufig auch Trennfugen an Brücken, oft einige Millimeter bis Zentimeter höher als das Straßenniveau. Bei flotter Geschwindigkeit erkennen Sie diese Gefahrenstelle viel zu spät, um noch rechtzeitig reagieren zu können. Daher ist hier grundsätzlich das Tempo zu reduzieren, um sich nicht die Felge zu beschädigen und einen Platten oder sogar einen Sturz zu riskieren.

Das Fahren im Windschatten bei Gegenwind oder flotten Geschwindigkeiten ist eine besonders ökonomische Form der Fortbewegung. Während der Vorausfahrende gegen den Fahrtwind ankämpft, kann der Verfolger die gleiche Geschwindigkeit ohne große Mühe halten, wenn er nur nah genug dranbleibt. Diese Fahrweise setzt jedoch eine große Verantwortung beim ersten Fahrer und ein gutes Verständnis zwischen allen Beteiligten voraus.

Vor jedem Bremsen muss der erste Fahrer unmissverständliche Zeichen geben, genauso bei auftauchenden Straßenschäden oder anderen Hindernissen. Die nachfolgenden Fahrer müssen sich besonders konzentrieren, um dem Vordermann nicht ins Fahrrad zu fahren. Dabei ist es von Vorteil, ein wenig versetzt zu fahren, um die Übersicht nach vorn nicht zu verlieren. Diese Fahrweise ist nur auf übersichtlichen Streckenabschnitten sicher anzuwenden, wobei sich die Fahrer regelmäßig mit der Führung ablösen. Ungeübte Radler sind mit ausreichendem Abstand besser bedient, um bei Gefahr immer rechtzeitig ausweichen zu können.

Wird die Straße sehr eng oder unübersichtlich, ist das Überholen einer größeren Gruppe von Radlern durch den nachfolgenden Autoverkehr nur schlecht möglich. Daher ist es sicherer, einen großen Abstand zwischen den einzelnen Fahrrädern zu halten. So müssen überholende Fahrzeuge nicht alle Radler auf einmal überholen, sondern können bei Bedarf zwischen diesen einscheren. Damit wird verhindert, dass Sie bei waghalsigen Überholmanövern durch Autos von der Straße abgedrängt werden.

Egal wie eng die Straße ist, ich fahre nie ganz rechts am Fahrbahnrand, sondern mit einem Abstand von mindestens einem halben Meter. Sie verlieren sonst jede Chance zum seitlichen Ausweichen. Raum benötigen Sie nicht nur bei brenzligen Situationen durch fremde Verkehrsteilnehmer, sondern auch bei plötzlich auftauchenden Schlaglöchern, Gullys oder Gegenständen auf der Straße. Besonders im Ausland haben Entwässerungsdeckel am Straßenrand oft breite Öffnungen in Fahrtrichtung. Das Einfädeln mit dem Vorderrad kann dort katastrophale Folgen haben! Auch ist uns dort aufgefallen, dass ganz am äußeren Rand der Straße viel mehr Glas und Steine liegen als auf der eigentlichen Fahrbahn. Auch das spricht für eine Fahrlinie, die nicht ganz außen liegt, wenn es die Umstände zulassen.

Ein beladenes Fahrrad zeigt nicht nur ein schlechteres Bremsverhalten, sondern auch das Kurvenverhalten verändert sich. Oftmals lässt sich das Fahrrad schwerer in enge oder schnell gefahrene Biegungen der Straße zwingen. Bis man sich an das neue Gefühl gewöhnt hat, ist dem Anfänger eine reduzierte Geschwindigkeit anzuraten. In den Kurven stehen die Kurbeln senkrecht, wobei die zur Innenkurve zeigende Kurbel oben steht. So ergibt sich eine günstige Gewichtsverteilung des Körpers und außerdem Sicherheit gegen das Aufsetzen des Pedals auf den Boden.

Die eigene Fahrweise ist auf andere Verkehrsteilnehmer auszurichten. Speziell Autofahrer müssen die Fahrtrichtung des Radfahrers dauernd vorhersehen können. Plötzliche Richtungswechsel, z. B. vom Fahrradweg auf die Straße, oder überraschende Ausweichmanöver können leicht das Reaktionsvermögen der Kraftfahrer überfordern. Rechtzeitige und unmissverständliche Zeichengebung hilft, manche brenzlige Situation zu vermeiden.

Auf der Fahrt mit beladenem Fahrrad kommt es immer wieder vor, dass Sie einem Schlagloch oder einem auf der Straße liegenden Gegenstand nicht mehr rechtzeitig ausweichen können. Dann ist oft ein mehr oder weniger starker Schlag in der Felge oder ein Plattfuß die Folge. Größere Schäden lassen sich mit einfachen Mitteln vermeiden: Das Vorderrad können Sie durch blitzschnelles Anlupfen etwas von der Straße abheben und dadurch entlasten. So trifft das Fahrrad, wenn überhaupt, nicht mit der vollen Belastung auf. Beim Hinterrad ist das wegen des Gepäcks nicht möglich. Hier hilft es aber, kurzzeitig den Po aus dem Sattel zu heben. So schlägt das Fahrrad nicht mit dem zusätzlichen Gewicht des Fahrers auf das Hindernis, da ein großer Teil des Körpergewichts über die Beine des Radlers abgefedert wird. Übrigens sind hochschlagende Packtaschen eines vorausfahrenden Radlers ein sicheres Zeichen für ein Schlagloch oder eine heftige Bodenwelle, was Anlass für ein schnelles Abbremsen sein sollte.

Insbesondere das Fahren mit Packtaschen am Vorderrad will geübt sein, was ich aus schmerzlicher Erfahrung bestätigen kann. Problematisch sind hier Bordsteinkanten, die höher liegen als die Unterkante der Packtaschen. Gleiches gilt für Leitplanken aus Beton, die teils angeschrägt ausgebildet sind und bei engen Verhältnissen bis an die Packtaschen heranreichen können. In beiden Fällen ist bei Berührung der Taschen mit dem Hindernis ein Sturz fast nicht zu vermeiden, da der Lenker schlagartig herumreißt. Eine große Gefahrenquelle sind auch Absperrpoller, wie sie häufig verwendet werden, um die Zufahrt von Autos auf Fußgängerzonen, Promenaden und Fahrradwege zu verhindern. Oft sind diese Hindernisse nicht in Signalfarben ausgeführt und Sie übersehen sie schnell, was besonders für hintere Fahrer in einer Gruppe gilt.

Ein Wort noch zum Klingeln, um andere Radler oder Fußgänger beim Überholen auf sich aufmerksam zu machen. Es ist unbedingt notwendig, bereits frühzeitig die Fahrradglocke zu betätigen und nicht erst einige Meter vorher! Gefühlte 99 % der Fußgänger und Radfahrer drehen sich nämlich beim Klingeln eines von hinten kommenden Radlers erst einmal um und schauen, wer da kommt und warum dieser denn wohl klingelt. Dabei laufen oder fahren die Leute nicht selten in den Fahrweg des Radlers und provozieren dabei ein Bremsmanöver oder gar einen Zusammenprall.

In Städten ist es nicht ungefährlich, nah an geparkten Autos vorbeizufahren. Insbesondere Beifahrer oder hintere Mitfahrer beobachten häufig nicht den nachfolgenden Verkehr vor dem Öffnen der Türen und reißen diese unvermittelt auf. Daher muss der Radler immer bremsbereit sein, wenn in einem geparkten Auto noch Personen sitzen.

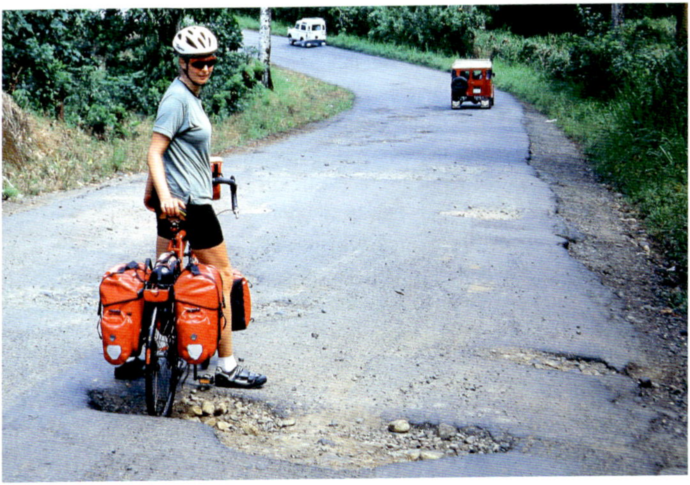

In Costa Rica umkurvten wir die größten und tiefsten Schlaglöcher unserer Reisen

Beim Fahren auf Pisten ist es für Radler nicht leicht, die beste Spur zu finden. Oft steinig, dann Wellblech und schließlich wieder zu weich: Richtig toll ist eine Piste selten. Bei wenig Verkehr suchen wir uns immer die besten Stellen aus, die auch schon mal auf der Gegenfahrbahn liegen können. In Kurven ist eine Piste innen meistens schlechter als außen.

Für Nervenkitzel sorgen speziell im Ausland immer wieder autobahnähnliche Schnellstraßen und mit hohen Bordsteinen begrenzte Straßenführungen und Kreisverkehre. Das Fahren auf Autobahnen oder mehrspurigen Schnellstraßen lässt sich im Ausland aus verschiedenen Gründen nie ganz vermeiden und wird in vielen Ländern sogar von der dortigen Polizei toleriert. Ein Beispiel hierfür ist der Flughafen von Málaga, der anders nicht zu erreichen ist. Solange es einen Seitenstreifen gibt, ist das meistens kein Problem, da außerhalb Deutschlands wesentlich langsamer gefahren wird und die gefahrene Geschwindigkeit auf Autobahnen sich vielfach nicht vom Tempo auf Landstraßen unterscheidet. Knifflig wird es auf Schnellstraßen an den Aus- und Auffahrten, sofern Sie diese nicht nutzen, sondern weiter geradeaus fahren möchten. Bei Erreichen einer Ausfahrt darf ein Radler nie versuchen, auf der rechten Fahrspur weiter geradeaus zu fahren, um so die Ausfahrt zu queren! Bei den vorherrschenden Geschwindigkeiten werden Sie von abbiegenden Fahrzeugen sehr leicht übersehen, was definitiv lebensgefährlich ist. Besser ist es, sich auf die Abbiegespur einzufädeln, später anzuhalten und dann auf kürzestem Weg die Spur zu kreuzen (siehe Skizze). Ähnliches gilt an einer Auffahrt auf die Schnellstraße. Bleiben Sie hier auf der rechten Fahrbahn, finden Sie sich leicht zwischen schnellen Fahrzeugen der rechten Fahrspur und auffahrenden Wagen wieder. Da Sie mit der Fahrradsilhouette leicht übersehen werden, ist diese Fahrweise ein sehr gefährliches Unterfangen. Besser ist es auch hier, sobald möglich die Auffahrt im rechten Winkel zu kreuzen und ganz rechts auf der Auffahrt weiterzufahren.

Beim Queren der Auf- und Abfahrten von Schnellstraßen sollten Sie auf „Nummer sicher" gehen

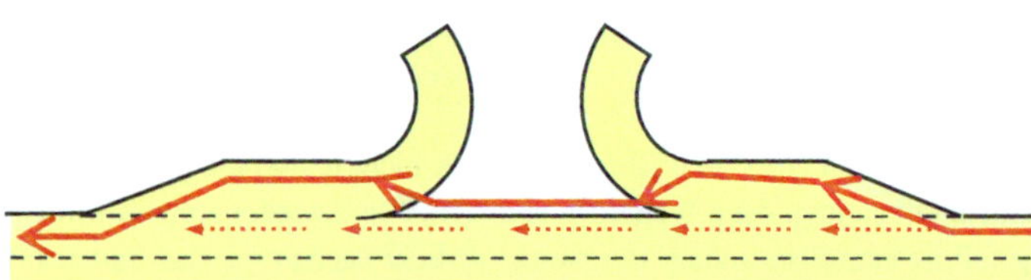

Kreisverkehre sind selten ein Problem, wenn diese aus maximal zwei Fahrstreifen bestehen. In der Regel sind diese Kreisel eng und entsprechend langsam wird gefahren. Ich blockiere in diesem Fall häufig eine ganze Fahrbahn, sodass ich nicht so leicht von nachfolgenden Autos geschnitten werden kann. Außerdem habe ich die Erfahrung gemacht, dass man als Radler besser wahrgenommen und akzeptiert wird, wenn man mittig und nicht ganz außen am Fahrbahnrad fährt. Problematisch wird es, wenn es sich um große Kreisverkehre mit vielen Fahrstreifen und schnellem Verkehr handelt, wie zum Beispiel am Triumphbogen in Paris. Hier haben Sie auf gefühlten zehn Fahrstreifen zwischen vielen chaotisch fahrenden Autos als langsam fahrender Radler kaum eine Chance, ohne brenzlige Situation hindurchzukommen. Daher ist es hier besser, Fußgängerüberwege zu nutzen.

Sehr schlecht für Radfahrer sind die besonders im Ausland in Mode kommenden Verkehrsführungen mit erhöhten Bordsteinen, wie sie insbesondere an Kreuzungen vorkommen. Oftmals ist die Fahrbahn zwischen diesen Begrenzungen sehr schmal und reicht gerade für ein Fahrzeug aus. Für ein Fahrrad ist da neben einem Auto selten genug Platz. Unaufmerksame Fahrer von Autos oder Kleinlastern bemerken dies teilweise recht spät, sodass es für den Radler schnell gefährlich werden kann. Aufgrund der hohen Begrenzung ist mit dem Fahrrad auch kein Ausweichen möglich! Daher ist es wichtig, vor der Einfahrt in solch eine Schikane im Rückspiegel auf den nachfolgenden Verkehr zu achten und mit der Weiterfahrt besser so lange zu warten, bis kein Fahrzeug mehr nachkommt.

Eine weitere Gefahrenquelle sind Spuren für Linksabbieger auf der Mitte der Fahrbahn. Wenn hier ein entgegenkommendes Fahrzeug unvermittelt abbiegen will, und der Radler sich auf derselben Höhe befindet, wird es für nachfolgende Fahrzeuge aus der eigenen Fahrtrichtung plötzlich sehr eng. Auch hier kann ein Blick in den Rückspiegel und ggf. ein Ausweichen auf den Randstreifen einen schweren Unfall verhindern.

Verständigung

Als Minimum sollten bei Reisen ins Ausland neben einer Übersetzungs-App im Mobiltelefon ein kleiner Sprachführer und ein Wörterbuch mitgeführt werden, damit Sie sich die wichtigsten Höflichkeitsfloskeln aneignen können. Übersetzungen aller Gegenstände erübrigen sich weitgehend, da ja auf vieles gezeigt werden kann. In der Regel kommen Sie bei Schwierigkeiten auch mit Grundkenntnissen in Englisch weiter, was speziell unter jüngeren Menschen vieler Länder weitverbreitet ist. Ich habe mir angewöhnt, die wichtigsten Redewendungen für den Alltag in Druckschrift aus den Sprachführern herauszuschreiben und in die Kartentasche zu stecken. So habe ich diese den ganzen Tag im Blickfeld und kann bei Bedarf schnell darauf zurückgreifen. Außerdem haben Sie so die Gelegenheit, die Floskeln schneller zu lernen. Weitere Wörter, Sätze und deren Übersetzungen stecke ich in die Rückseite der Kartentasche, sodass ich ebenfalls schnellen Zugriff habe.

In Ländern mit fremden Schriftzeichen fertige ich mir mehrere Karteikarten an, die jeweils groß und deutlich einen für die Reise wichtigen Satz in den Sprachen Deutsch, Englisch und der des Ziellands, beispielsweise Japanisch, tragen. Wenn ich in Japan mit Englisch nicht mehr weiterkam, zeigte ich schließlich meine Karte mit einem japanischen Satz, zum Beispiel: „Wo gibt es hier einen Campingplatz?“ Das hat uns in einigen aussichtslosen Situationen insbesondere auf dem Land sehr geholfen. Zusätz-

Die japanischen Schriftzeichen auf meinem Rahmen bedeuten „Deutschland“

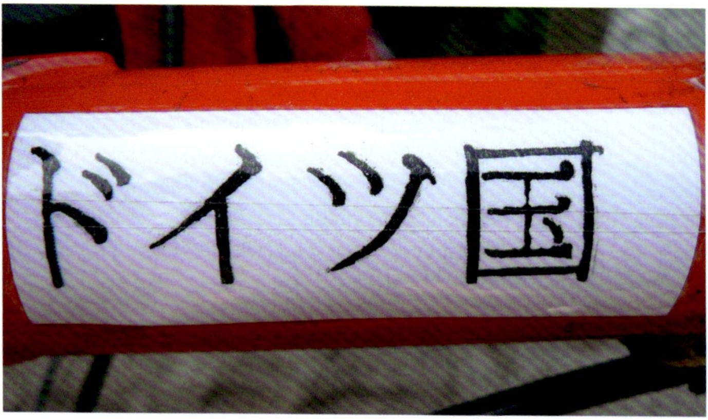

lich hatte ich für diese Reise einen großen Schriftzug in Japanisch auf meinen Fahrradrahmen aufgebracht, der „Deutschland“ bedeutete. Das führte häufig zu unverhofften und netten Kontakten, da Deutsche in Japan immer noch ein hohes Ansehen genießen.

Praxistipps querbeet

Gleich am Heimatflughafen kann es schon erste Probleme geben, wenn Sie nicht richtig informiert sind. Bei fast jeder Fluggesellschaft müssen die Pedale abmontiert und der Lenker um 90° gedreht werden. Immer wieder sieht man Hilfe suchende Leute, die ihr Werkzeug in den bereits aufgegebenen Taschen verstaut haben und nun nicht wissen, wie sie das Fahrrad den **Transportvorgaben der Fluggesellschaft** entsprechend abgeben sollen. Haben Sie die wenigen hierfür notwendigen Werkzeuge (meist zwei bis drei Inbusschlüssel) noch ein zweites Mal zusätzlich mit dabei, sind Sie für alle Fälle gerüstet. Da es mit dem Werkzeug anschließend im Handgepäck Probleme beim Einchecken geben kann, lege ich es vor dem Aufgeben der Fahrräder am Schalter in eine mit Klebeband gesicherte Trinkflasche am Rahmen. So haben Sie auch am Zielflughafen die Möglichkeit, die Räder fahrbereit zu machen, ohne das Gepäck zu öffnen und nach dem „großen“ Werkzeug zu suchen.

Im Anschluss an das Eincremen mit einem **Sonnenschutzmittel** ist unbedingt eine gründliche Handwäsche anzuraten. Die in der Sonnencreme enthaltenen Chemikalien sind in Verbindung mit dem Handschweiß in der Lage, das Material der Lenkergriffe und des Lenkerbands aufzulösen, was unweigerlich zu schmierigen Griffen sowie zu schwarzen Handinnenflächen führt.

Auf einer Radwanderung ist das **Trocknen der Handtücher** ein kleines Problem. Am besten klemmen Sie diese zum Trocknen tagsüber unter die Gurte der hinteren Packtaschen. Kaufen Sie die Handtücher in der gleichen Farbe wie die Taschen, fallen sie am Fahrrad fast gar nicht auf. Sofern Sie Handtücher aus Microfaser besitzen, können Sie diese auch sehr schnell mit einem kleinen Haarföhn trocknen. Auch Handtrockner in den Sanitärgebäuden der Campingplätze trocknen ein Microfaserhandtuch in kurzer Zeit.

Auf jeder Reise fallen einem Unzulänglichkeiten am Fahrrad oder an der Ausrüstung auf, die man nach der Rückkehr ändern möchte. Ich habe die Erfahrung gemacht, dass einem diese nach der Rückkehr aber nicht mehr alle einfallen. Daher schreibe ich diese Punkte auf eine dafür reservierte Seite in mein **Reisetagebuch**, das ich immer griffbereit in der Lenkertasche mitführe.

Neben Plattfüßen treten unterwegs gelegentlich auch Defekte an den Reifen auf. Besonders bei rauen Asphaltflächen ist die Laufleistung der Mäntel wesentlich geringer als auf glatten Straßen. Nur die regelmäßige Kontrolle des Profils kann vor einem überraschenden Schaden bewahren. Treten schon die Fäden aus der Karkasse hervor, ist es zu gefährlich, ohne Reparatur weiterzufahren. Mir ist dieses Malheur auf einer Reise durch Neuseeland widerfahren. Das letzte Radgeschäft lag fast 50 km zurück und der nächste Laden über 100 km vor uns. Die Rettung brachte

In der Not kann Gewebeklebeband die Weiterfahrt retten

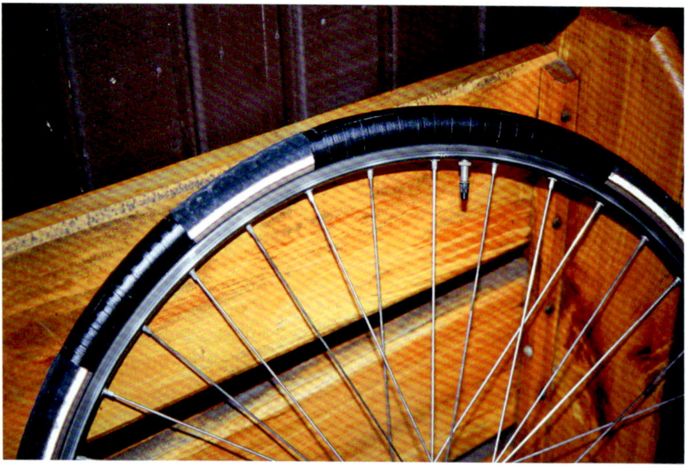

damals eine eher zufällig eingepackte Rolle **Gewebeklebeband**. Dieses universelle Hilfsmittel klebte ich kreuzweise großzügig über die beschädigte Stelle. Die Lage quer zur Fahrtrichtung war dabei so lang, dass sie bis auf die Innenseite des Reifens reichte. Eingeklemmt zwischen Reifen und Felge konnte sich das Gewebeklebeband später nicht wieder durch das Walken des Reifens während der Fahrt ablösen.

Nach fast 50 km am Fahrradgeschäft angelangt war die erste Schicht des Gewebeklebebands noch nicht durchgefahren! Mit einem auf die Innenseite des Reifens geklebten Flicken lässt sich eine schadhafte Stelle weiter verstärken. Es empfiehlt sich aber, einen derart reparierten Reifen auf die Felge des Vorderrads aufzuziehen, da dort die Belastung geringer ist als am Hinterrad. Dass trotzdem nur noch mit großer Vorsicht und reduzierter Geschwindigkeit weitergefahren werden darf, versteht sich von selbst. Um derartigen Schäden durch Abnutzung vorzubeugen, ist es ratsam, vor jeder längeren Radwanderung neue Mäntel zu montieren und bei sehr langen Touren auf halber Strecke Vorder- und Hinterreifen untereinander auszutauschen. Bei meinen Reisen in einsame Gegenden ist zur Sicherheit immer ein Faltreifen als Reserve dabei.

Ein Schaden, dem Sie kaum vorbeugen können, tritt vor allem bei schwer bepackten 28”-Rädern auf: Ein Speichenbruch kann ohne **Ersatzspeichen** oder passendes Werkzeug viel Zeit und Mühe kosten. Der Schaden konzentriert sich fast ausschließlich auf die höher belasteten 28“-Hinterräder. Ein Problem ist die schlechte Zugänglichkeit der Speichenlöcher in der Nabe, die dummerweise bei den meisten Rädern auf der gefährdeten Seite von einem Ritzelpaket verdeckt werden. Daher lässt sich eine defekte Speiche nicht immer ohne Weiteres aus der Nabe entfernen und durch eine neue ersetzen. Also muss zuerst einmal das Ritzelpaket vom Zahnkranz abgebaut werden, wobei es zwei Möglichkeiten gibt. Die erste Lösung setzt die Mitnahme von schwerem Spezialwerkzeug voraus, was für eine Radwanderung nicht akzeptabel ist. Ein wenig umständlicher, aber dennoch praktikabel sind kompakte Abziehwerkzeuge für unterwegs. Diese bestehen nur aus einem kleinen, relativ leichten Teil und sind gut zu verstauen. Für die unterschiedlichen Nabensysteme sind angepasste Abzieher erhältlich.

Wem das Verfahren mit einem Abzieher zu kompliziert ist, der glaubt vielleicht, mit einer sogenannten **Erste-Hilfe-Speiche** besser bedient zu sein. Diese Speichen haben anstatt des gestauchten Speichenkopfs einen Haken, der ohne Demontage der Ritzel in die Nabenlöcher gefädelt werden kann. Das Problem beginnt jedoch, wenn die defekte Speiche nicht direkt am Speichenbogen, sondern am Nippel bricht. Dann hilft die Erste-Hilfe-Speiche auch nicht, da für die Demontage der gebrochenen Speiche das Ritzelpaket trotzdem abgebaut werden muss.

Nach vielen Arbeiten am Fahrrad sind die Hände schmierig, schwarz und dementsprechend schwer sauber zu bekommen. Wohl dem, der nun ein wenig **Waschpaste** im Gepäck hat, denn grobe Verschmutzungen lassen sich mit normaler Seife kaum abwaschen. Ich fülle für jede Reise eine Portion Waschpaste in eine dichte kleine Dose ab. Im Notfall hilft es auch, die verschmierten Hände dick einzucremen, da Handcreme das Kettenöl löst. Anschließend die Creme mit Seife abwaschen und den Vorgang bei Bedarf wiederholen. Noch besser ist es allerdings, durch Verwendung von **Einmalhandschuhen** schmutzigen Händen bei der Reparatur vorzubeugen. Mit etwas Handcreme und einem Papiertaschentuch lässt sich übrigens auch der regelmäßig auftretende Abdruck des Kettenblatts auf der rechten Wade schnell und einfach entfernen.

Hunde sind unberechenbar, wenn sie einen Radler verfolgen. Vielfach machen sie zum Glück nur einen Höllenlärm und rennen kläffend hinter oder neben dem Fahrrad her. Da sich nur kleine Hunde abhängen lassen, fahre ich normal weiter, bis der Vierbeiner den Spaß an der Verfolgung verliert. Meistens ist das schon an der Grundstücksgrenze der Fall. Hunde werden in manchen Ländern von Einheimischen auch mal mit Steinen beworfen. Folgt in solchen Ländern ein Hund meinem Fahrrad, genügen in der Regel das Heben des Arms und ein angedeuteter Steinwurf für das Ablassen des Tiers. Hartnäckige Tiere können Sie am besten mit Wasser auf Abstand halten. Hierbei ist die Geschwindigkeit zu reduzieren, damit Sie, falls es doch zu einem Angriff kommt, sofort stehen und nicht vom fahrenden Fahrrad gerissen werden. Dann lassen Sie den Hund nah herankommen und spritzen ihm mit der Trinkflasche eine Ladung Wasser direkt ins Gesicht. Dieser Trick wirkte bisher bei allen aggressiven Hunden auf meinen Reisen. Die Hunde scheinen durch das Wasser verwirrt zu werden und bleiben sofort stehen. Auf einen zweiten Angriff verzichten sie dann meistens. Hierzu ist natürlich wichtig, immer eine halbwegs gefüllte Trinkflasche aus weichem Kunststoff am Fahrrad zu haben, die Sie zum Spritzen leicht eindrücken können. **Pfefferspray** kann ich nach schlechten Erfahrungen nicht empfehlen. Insbesondere bei Wind ist die Gefahr zu groß, selbst einen Spritzer oder den Nebel abzubekommen, was fürchterliche Schmerzen in den Augen und an den Schleimhäuten verursacht. Außerdem ist das Mitführen von Pfefferspray in einigen Ländern nicht erlaubt. Für viele Länder ist eine vorbeugende Tollwutimpfung für den Fall eines Hundebisses unbedingt zu empfehlen, die im Notfall einen Zeitgewinn zum Besorgen des Impfstoffs bringt. Das gilt insbesondere, wenn die Versorgung mit Impfstoff vor Ort nicht gewährleistet ist!

Selbst **Vögel** sind in manchen Gebieten nicht zu unterschätzen. Trauen Sie sich zu nah an ein Brutgebiet heran, kommt es durchaus schon mal zu einem Scheinangriff von oben. Zu den angriffslustigen Spezies gehören insbesondere Möwen. Da die Tiere fast immer überraschend von hinten anfliegen, besteht kaum eine Abwehrmöglichkeit. Ein Fahrradhelm wirkt in solchen Situationen ungemein beruhigend.

Bei einem **Kälteeinbruch** reicht manchmal die Wärmeleistung des Schlafsacks nicht mehr aus und Sie beginnen zu frieren. Wenn auch eine zusätzliche Kleidungsschicht nichts bringt, hilft es oft, wenn Sie eine Jacke außen über das Fußteil des Schlafsacks ziehen und insbesondere eine warme Mütze aufsetzen.

Der Radler ist auf seiner Tour natürlich nicht vor **Diebstahl** gefeit. Geld und Papiere sind am Körper am sichersten aufbewahrt, doch Fahrrad und Gepäck sind immer gefährdet. Viele Sehenswürdigkeiten haben bewachte Parkplätze und der Wächter wird für ein kleines Trinkgeld normalerweise auch auf die Fahrräder aufpassen. Doch auch dann empfiehlt es sich, die Fahrräder an einen festen Gegenstand anzuschließen. Ist kein Wächter vorhanden, hat vielleicht ein Kassierer direkten Blick auf einen geeigneten Abstellplatz. In einigen Städten können Sie Fahrrad auch sicher in einer

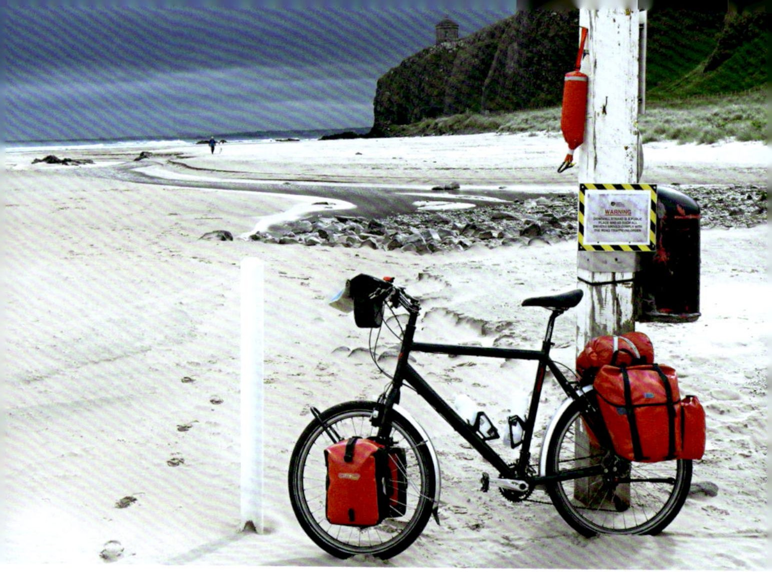

Wenn Sie Diebstähle vermeiden wollen, sollten Sie Ihr Rad nie unbeaufsichtigt lassen

Fahrradstation abstellen, wie sie meistens an Bahnhöfen zu finden sind. Hier lassen sich während der Zeit der Stadtbesichtigung sogar kleinere Reparatur- und Wartungsarbeiten in Auftrag geben.

Nicht immer ist es nachts möglich, das Fahrrad in Zeltnähe an einen festen Gegenstand anzuschließen. In diesem Fall schiebe ich das Fahrrad so weit wie möglich mit dem Vorderrad unter die Apside des Zeltes. Dann fixiere ich es mit der Sturmabspannung des Zeltes und einigen Heringen fest am Boden. Eine weitere Schnur verbinde ich mit dem Kochgeschirr. Versucht im Schutze der Dunkelheit nun jemand, das Fahrrad unbemerkt wegzutragen, ist das aufgrund der Fixierung ohne Gewalt nicht möglich. Außerdem gibt es ein lautes Geschepper, das den Dieb im Idealfall abschreckt und mich weckt. Übernachten Sie unter einem festen Dach, tun Sie gut daran, das Fahrrad mit ins Haus zu nehmen, was in vielen Ländern auf Nachfrage kein Problem ist.

Sind Sie mit zwei Fahrrädern unterwegs, sind die mitgeführten Schlösser oft zu kurz, um beide Fahrräder gemeinsam an einen festen Gegenstand anzuschließen. Manchmal ist es aber möglich, ein Fahrrad zum Beispiel vor eine Laterne zu stellen und das andere Fahrrad dahinter. Nun verbinden Sie mit je einem Schloss beide Hinterräder und dann beide Vorderräder. Auf diese Weise werden beide Fahrräder auch mit kurzen Falt- oder Bügelschlössern gesichert und können nicht mehr weggetragen werden. Von einigen Firmen (z. B. Abus) gibt es auch Schlösser, die Sie miteinander verbinden können. So lässt sich die Gesamtlänge bei Bedarf auch erhöhen.

Nachts besteht insbesondere beim Zelten die Gefahr, dass Teile der Ausrüstung abhandenkommen. Abhilfe schafft ein ausreichend großes Zelt, das sämtliche Gepäcktaschen aufnehmen kann (☞ Zelt). Bleiben die Taschen nachts an den Fahrrädern, ist ein Verlust nur eine Frage der Zeit. Gelegenheit macht leider immer noch Diebe. Ist das Fahrrad, wie allgemein üblich, mit Schnellspannachsen ausgerüstet, muss auch das Vorderrad mit einem Schloss gesichert werden. Auch ohne Werkzeug kann das Laufrad in Sekundenschnelle ausgebaut werden und ist daher potentiell diebstahlgefährdet. Das Hinterrad lässt sich ungleich schwerer demontieren und ist deshalb vor Gelegenheitsdieben relativ sicher.

Der ärgste Gegner des Radfahrers ist und bleibt der **Wind**. Starke Böen können ohne Weiteres einen Radler über die Fahrbahn oder in den Graben drücken. Besonders auf engen Straßen mit hoher Verkehrsdichte ist es sicherer, an gefährlichen Stellen abzusteigen. Autofahrer wissen nichts von diesen Nöten der Radler und sind folglich auch nicht auf plötzliche Schlenker gefasst. Daher der ernst gemeinte Tipp: Lieber einmal mehr absteigen, als einen überflüssigen Sturz riskieren. Das gilt besonders auf Brücken und an Waldschneisen sowie bei der Fahrt mit weiten Regenponchos. In den Alpen entsteht im Sommer ab Mittag ein sehr starker Aufwind, der die Abfahrten zum gefährlichen Balanceakt werden lässt. Hier ist es deshalb ratsam, besonders früh loszufahren.

Nicht selten kommt es vor, dass ein bepacktes Reiserad auf einer Talfahrt bei einer bestimmten Geschwindigkeit in **Schwingungen** gerät. Tritt dieses Fahrverhalten auf, ist sofort die Geschwindigkeit zu reduzieren. Diese Schwingungen können sich zu einem Aufschaukeln verstärken, das im Extremfall in einem Sturz endet. Häufigste Ursache ist das ausschließliche

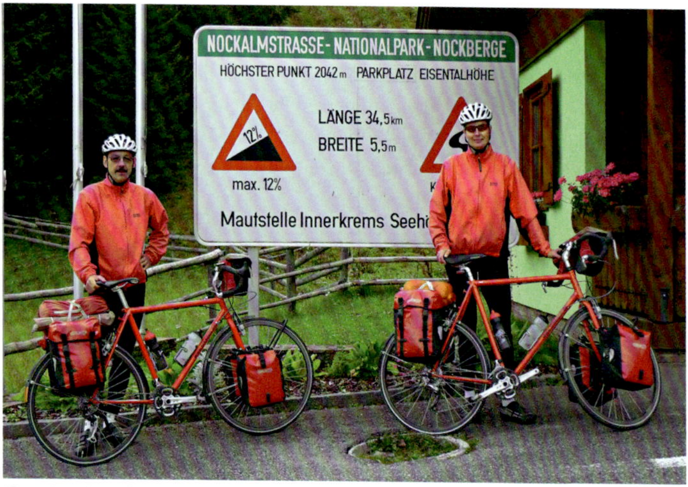

Bergige Strecken erfordern ein angepasstes Fahrverhalten

Bepacken des Fahrrads auf dem hinteren Gepäckträger. Ein Verteilen der Last auf einen zusätzlichen Gepäckträger am Vorderrad (Lowrider) bringt meistens ein wesentlich besseres Fahrverhalten. Eine weitere Ursache kann eine zu schwere Lenkertasche sein. Diese sollte daher so klein wie möglich sein und nur mit wenigen, leichten Dingen bestückt werden. Oft hilft es auch, die Reifen bis zum Maximaldruck aufzupumpen, eine eventuell vorhandene Federgabel zu blockieren und schlaff hängende, lose Packtaschen gegen solche mit guter Befestigung auszutauschen.

Lässt sich trotz aller Improvisation wegen fehlender Ersatzteile oder Werkzeuge ein **Schaden am Fahrrad** nicht reparieren, muss noch lange nicht das Ende der Reise gekommen sein. Nachdem Sie sich erkundigt haben, wo der nächste Fahrradladen ist, können Sie sich immer noch mit öffentlichen Verkehrsmitteln, dem Taxi oder per Anhalter auf den Weg machen. Auf längeren Reisen lohnt sich auch das Nachsenden von Ersatzteilen durch Freunde oder heimische Fahrradhändler. Eine gute Möglichkeit für Hilfe bei einer Reparatur des Fahrrads ist auf jeden Fall die nächste

Feuerwache. Hier sind fast immer Handwerker beschäftigt, die zur Reparatur der Fahrzeuge eine Menge Werkzeug besitzen und auch über Improvisationstalent verfügen. Währenddessen hat der Partner Zeit für ungewöhnliche Fotos.

Bei technischen Problemen wird auf einer Feuerwache immer geholfen (West Coast, USA)

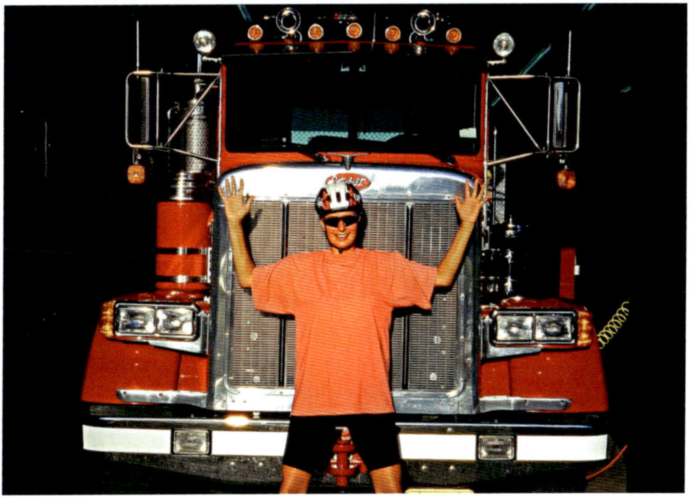

Auch Autowerkstätten sind gute Anlaufstellen für den Notfall. Mitgliedern eines Automobilklubs hilft ein Schutzbrief nicht nur bei einer Autoreise, sondern oft auch bei sonstigen Urlaubsfahrten. Daher ist es nicht verkehrt, auch vor einer Radreise Rücksprache mit seinem Klub zu halten! In Deutschland würde ich mich als Mitglied eines Automobilklubs wie dem ADAC nicht scheuen, im Notfall die Hilfe der „gelben Engel" in Anspruch zu nehmen.

Falls Sie noch **Postkarten oder Briefe** schreiben: Zur Vereinfachung drucke ich vor dem Urlaub die Adressen auf Selbstklebeetiketten. So brauche ich das wertvolle Adressbüchlein nicht mitzunehmen und ich sehe auf einen Blick, wem ich noch nicht geschrieben habe. Parallel dazu habe ich die Adressen auch im Adressbuch des Mobiltelefons.

Risse in Zelt, Luftmatratze und Regenkleidung lassen sich recht gut provisorisch mit gutem **Gewebeklebeband**, sogenanntem Panzerband, reparieren.

Kein Radler mag Regen und wenn die **Nässe** unter die Regenkleidung kriecht, kommt irgendwann Frust auf. Damit der Regen nicht an der Hose entlang unter die Gamasche und in die Schuhe laufen kann, ist die Regenhose immer über die Gamasche zu ziehen und nicht umgekehrt (Dachziegelprinzip).

Gleiches gilt analog für die Abschlüsse an den Ärmeln und am Kragen. Auch hier ist die normale Fließrichtung des Wassers nach unten zu beachten und entsprechend lassen Sie die Regenkleidung überlappen.

Beim **Kochen** lässt sich eine Menge Brennstoff einsparen, wenn Sie schon zu Beginn warmes Wasser verwenden. Da auf Campingplätzen fast überall in den Sanitärgebäuden warmes Wasser vorhanden ist, wird das kein Problem sein. Außerdem erreichen Sie durch einen Windschutz wesentlich kürzere Kochzeiten.

Falls die Reise abgebrochen oder umgeplant werden muss, kann es günstiger sein, wenn Angehörige oder Freunde Mietwagen, Flüge oder Fähren **in der Heimat buchen**. Die Kosten vor Ort sind nicht selten auch bei Buchung identischer Firmen teurer.

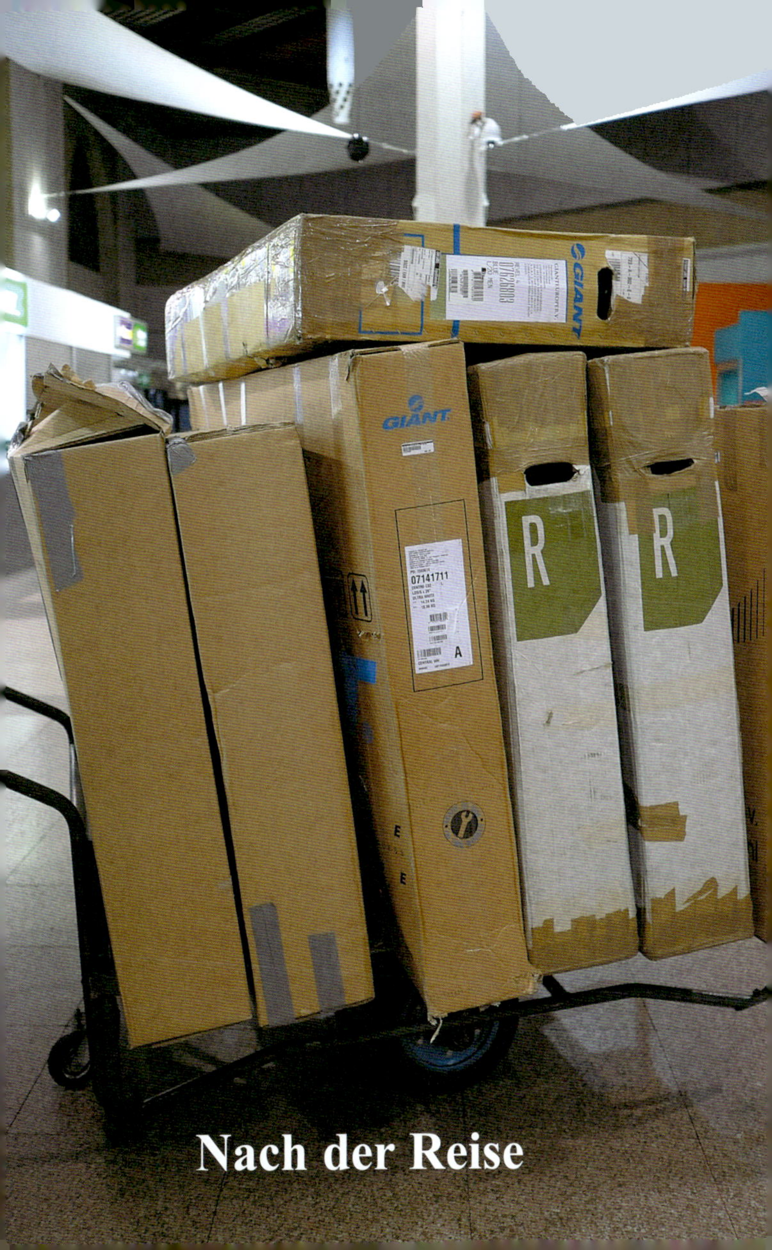

Nach der Reise

Im Anschluss an eine gelungene Radwanderung werden Sie in der Regel nicht gleich an die Reinigung und Reparatur der Ausrüstung denken. Trotzdem ist es sinnvoll, diese Arbeiten zeitnah anzugehen. Sie geraten schnell in Vergessenheit, was unnötigen Stress bei der Vorbereitung der nächsten Tour bringen kann. Manchmal ergibt sich eine Urlaubsreise auch kurzfristig, sodass dann wenig Zeit für die notwendigen Arbeiten bleibt.

Eine weiche Autobürste und viel Wasser reinigen das Fahrrad am besten von grobem Dreck und anderen Verschmutzungen. Das gilt insbesondere nach einer Reise an der See, wo der Wind aggressives Salz bis in die kleinsten Ritzen bläst. Besonders preiswerte Aluminiumteile sind rasch von hässlicher Korrosion betroffen, wenn das Salz nicht bald abgewaschen wird. Auf keinen Fall dürfen Sie das Fahrrad mit einem scharfen Wasserstrahl oder gar einem Hochdruckreiniger abspritzen. Die Dichtungen der Lager sind solchen Beanspruchungen nicht gewachsen und können das Eindringen von Schmutz und Wasser nicht verhindern, was zu vorzeitigem Ver-

Bei solchen Aktionen bleiben weder Rad noch Fahrer sauber

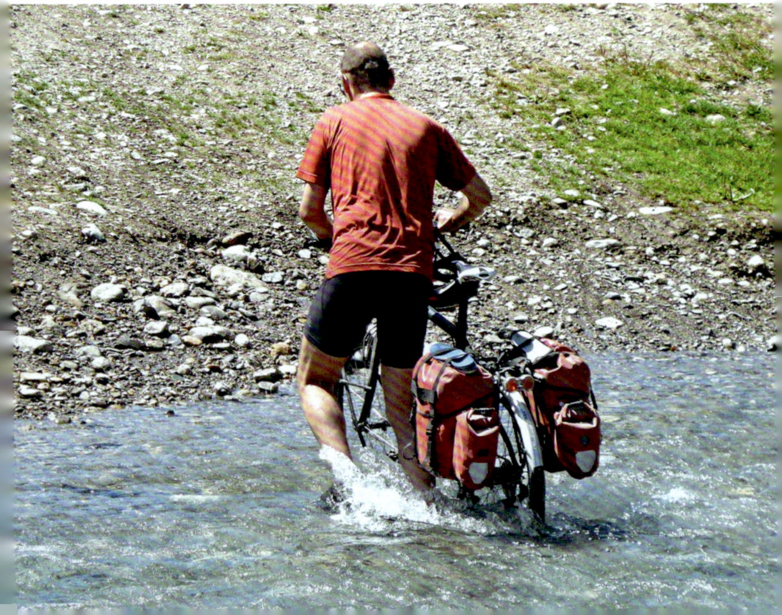

schleiß führt. Einfacher Teerentferner aus dem Autozubehör oder Waschbenzin lösen am Fahrrad anhaftende Asphaltflecken auf.

Im Anschluss an die Säuberungsarbeiten ist je nach zurückgelegter Urlaubsstrecke eine Inspektion des Fahrrads anzuraten. Nach dem Ausbessern der Lackschäden schützt eine abschließende Konservierung mit Hartwachspolitur das Fahrrad und die Komponenten.

Wasser- und winddichte Funktionsbekleidung, zum Beispiel mit Gore-Tex-Membran, dürfen Sie zum Erhalt der Eigenschaften nicht mit normalem Waschmittel und auf keinen Fall unter Zugabe von Weichspülern waschen. Für diese Materialien sind besondere Waschmittel im Outdoor-Handel erhältlich. Besonders wichtig ist das Imprägnieren der Kleidungsstücke nach dem Waschen, denn die Atmungsaktivität kann nur funktionieren, wenn die Nässe als Tropfen von der Außenseite der Regenkleidung abperlt. Eine geschlossene Feuchtigkeitsschicht auf dem Gewebe lässt Luft und Wasserdampf nicht hindurchdringen und führt auch in der teuersten Jacke zum Saunaeffekt. Die meisten Imprägnierungen werden nach dem Aufbringen nur aktiv, wenn Sie die Kleidung danach bügeln oder im Trockner erwärmen.

Die Schlafsäcke lüften nach Möglichkeit einige Tage in einem warmen und trockenen Raum aus, um eventuell vorhandene Gerüche zu minimieren und das absolut trockene Verstauen zu sichern. Alternativ lässt sich ein Daunenschlafsack auch im Wäschetrockner bei geringer Wärme „lüften". Bis zur nächsten Reise lagern sie idealerweise in lockerer Form und nicht im Kompressionssack. Besonders bei Daunenschlafsäcken ist von einer Wäsche abzuraten, da sich die positiven Eigenschaften der Füllung mit jedem Waschvorgang verschlechtern. Erst wenn die Daunen merklich klumpen, ist eine Wäsche mit einem speziellen Daunenwaschmittel anzuraten. Am besten lassen Sie die Schlafsäcke aber bei größeren Outdoorausrüstern oder in einem Bettenfachgeschäft waschen, da hier die größte Erfahrung mit der Reinigung von Daunenprodukten vorhanden ist.

Das Zelt verträgt auf keinen Fall eine Reinigung in der Waschmaschine. Besser ist es, auch hier zur Autowaschbürste zu greifen und mit viel klarem Wasser dem Schmutz zu Leibe zu rücken. Vor dem Verpacken sind alle Beschädigungen auszubessern, das Gestänge, die Sturmabspannungen sowie die Heringe zu reinigen und alles sorgsam mehrere Tage lang aufgehängt und ausgebreitet zu trocknen. Wenn Sie als Unterlage eine preiswerte Tapezierplane gewählt haben, können Sie diese gleich durch eine neue ersetzen.

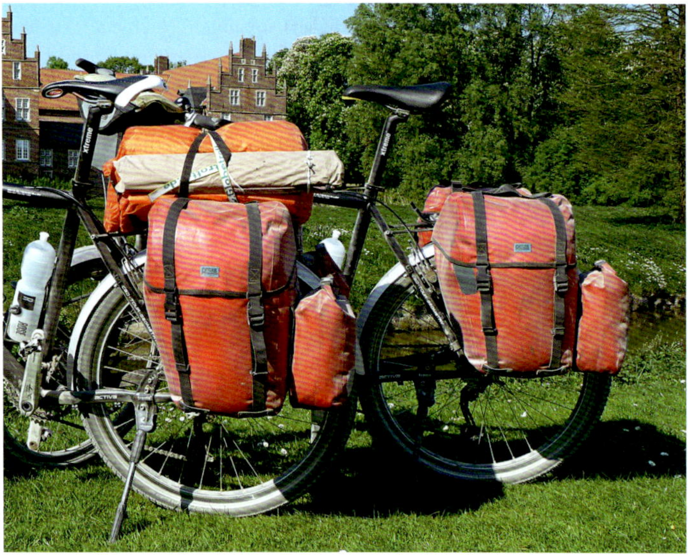

Die Packtaschen befreien Sie am besten schon unterwegs von Staub und Schmutz

Besondere Zuwendung verlangen auch die Packtaschen, die hauptsächlich bei längeren Regenfahrten beim Bremsen durch oxydierten Aluminiumabrieb der Felgen verschmutzt werden. Besonders bei Gewebeoberflächen haben Sie kaum eine Chance, den schwarzen Belag wieder restlos zu entfernen. Weder Scheuermittel noch Lösungsmittel machen die Taschen wieder völlig sauber. Wasserdichte Packtaschen spritzen Sie daher nach einer Regenfahrt am besten schon unterwegs an einer Tankstelle sauber, bevor der Dreck sich festsetzt.

Weblinks

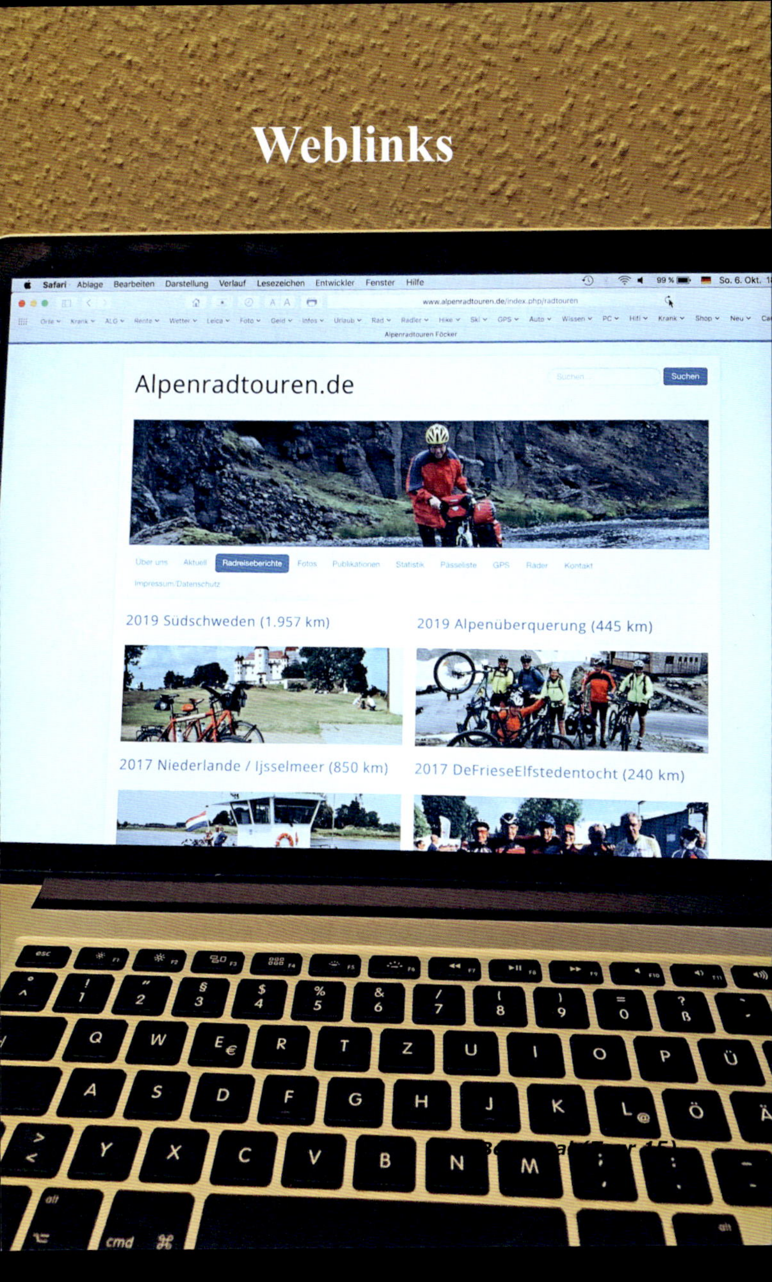
Safari Ablage Bearbeiten Darstellung Verlauf Lesezeichen Entwickler Fenster Hilfe
www.alpenradtouren.de/index.php/radtouren
Alpenradtouren.de
Suchen
Radreiseberichte
2019 Südschweden (1.957 km)
2019 Alpenüberquerung (445 km)
2017 Niederlande / Ijsselmeer (850 km)
2017 DeFrieseElfstedentocht (240 km)

Die angegebenen Internetadressen stellen nur willkürlich gewählte Beispiele zum jeweiligen Thema dar und sind nicht als Empfehlung, Wertung oder abschließende Aufzählung zu sehen.

Reisetaugliche Fahrräder:

- www.fahrradmanufaktur.de
- www.koga.com
- www.patria.net
- www.tout-terrain.de
- www.guylaine.de
- www.norwid.de
- www.rosebikes.de
- www.velotraum.de

E-Bikes:

- www.bergamont.com/de/de
- www.flyer-bikes.com
- www.rosebikes.de
- www.r-m.de
- www.koga.com/de
- www.velotraum.de

Fahrradzubehör:

- www.abus.de
- www.bumm.de
- www.brooksengland.com/de_eu
- www.dtswiss.com/de
- www.hebie.de
- www.nabendynamo.de
- www.ortlieb.com
- www.pinion.eu
- www.rosebikes.de
- www.sigmasport.com/de
- www.topeak.com/de
- www.vaude.com
- www.bosch-ebike.com/de
- www.bobtrailers.de
- www.continental-reifen.de
- www.ergonbike.com
- www.klickfix.com
- www.magura.com
- www.paul-lange.de
- www.rohloff.de
- www.sks-germany.de
- www.schwalbe.com
- www.tubus.com
- www.weber-products.de

Ausrüstung und Kataloge:

- www.globetrotter.de
- www.transa.ch
- www.gorewear.com/de
- www.larca.de
- www.bergfreunde.de

Fahrradbücher, -karten und -magazine:

- www.bva-bikemedia.de
- www.conrad-stein-verlag.de
- www.esterbauer.com
- www.fahrradbuecherkarten.de
- www.radfahren.de
- www.radtouren-magazin.com
- www.reise-know-how.de
- www.trekkingbike.com

GPS-Geräte:

- www.garmin.com/de-DE
- www.tahuna.com

GPS-Foren und Infos:

- https://forums.garmin.com/de/outdoor/
- www.gps-treffpunkt.de
- www.navigation-professionell.de
- www.naviboard.de

Radrouten und digitale Karten:

- http://breitensport.rad-net.de/breitensportkalender
- www.adfc-tourenportal.de
- www.gpsies.com
- www.gps-tour.info
- www.kompass.de
- www.magicmaps.de
- www.bayerninfo.de/rad
- www.nederlandfietsland.nl/fietsrouteplanner
- www.openmtbmap.org
- www.openstreetmap.de
- www.quaeldich.de/paesse
- www.radroutenplaner.nrw.de
- www.radroutenplaner-deutschland.de
- www.komoot.de

Fahrradreparatur:

- www.fahrradmonteur.de
- www.fahrrad-workshop-sprockhoevel.de

Organisierte Fahrradreisen:

- www.huerzeler.com
- www.bikereisen.ch
- www.eurobike.at
- www.wikinger-reisen.de
- www.flixbus.de/entdecken/radtouren
- www.natours.de
- www.rueckenwind.de
- www.snp.nl
- www.velotours.de

Reisepartner:

- www.adfc.de/artikel/adfc-mitradelzentrale
- www.bikefreaks.de
- www.dzg.com
- www.joinmytrip.de

Fahrradforen und allgemeine Reiseberichte:

- www.bikefreaks.de
- www.radforum.de
- www.tour-magazin.de

Reiseradler-Homepages:

- www.alpenradtouren.de
- www.bikeamerica.de
- www.radweh.blogspot.com
- www.betzgi.ch
- www.europa-rad.jimdo.com
- www.velofahren.de

Reisemedizin/Impfungen:

- www.crm.de/laender
- www.fit-for-travel.de

Sonstige Infos:

- www.adfc.de
- www.auswaertiges-amt.de
- www.bahn.de
- www.gesetze-im-internet.de/stvzo_2012
- www.jugendherberge.de
- www.naturfreunde.de
- www.americanexpress.com/de/reisen/reiseschecks/index.html

Index

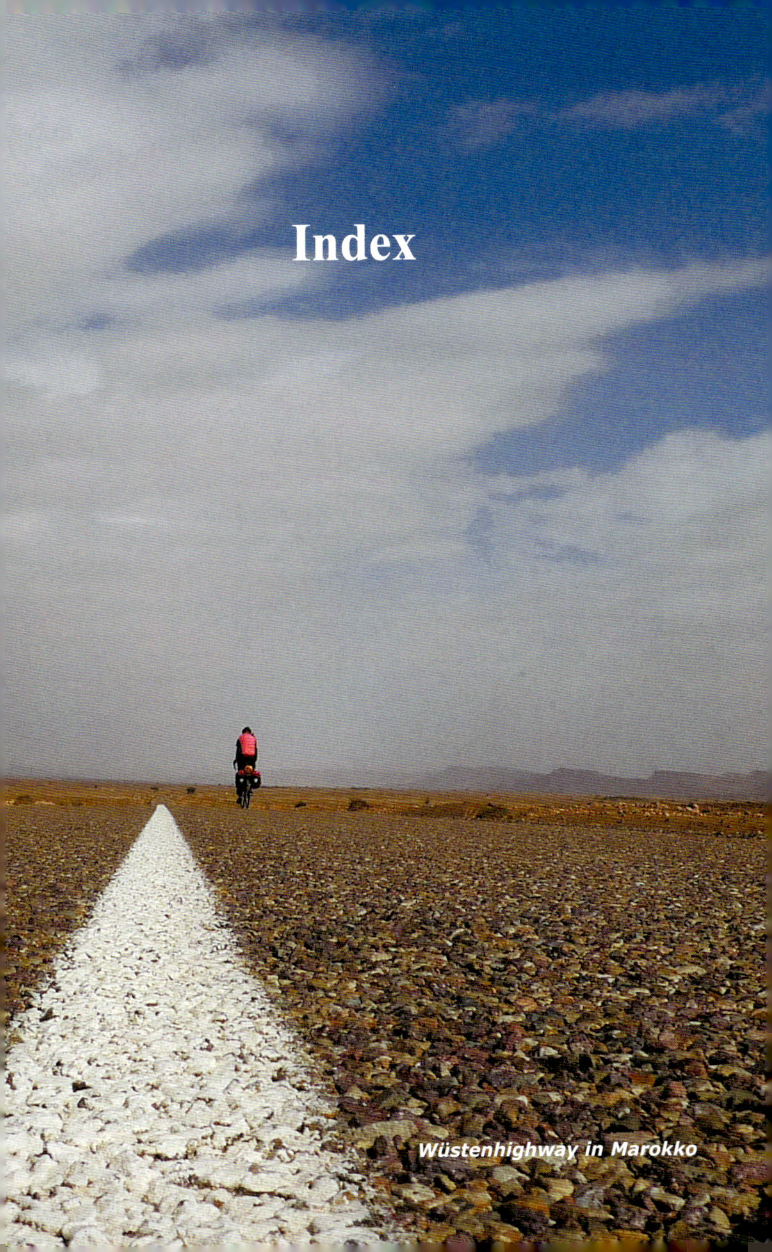

Wüstenhighway in Marokko

T

U

V

Z

Unterwegs im Oman

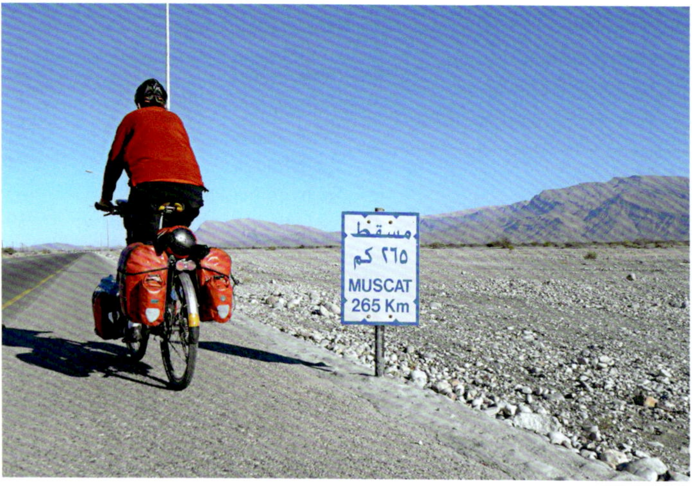